BIBLIOTECA NATUREZA

GUIA DE PLANTAS
PARA USO PAISAGÍSTICO

CANTEIROS & CERCAS VIVAS

VALERIO ROMAHN

EDITORA EUROPA

Todos os direitos reservados para
EDITORA EUROPA

Rua Alvarenga, 1416 - São Paulo, SP - CEP 05509-003
Telefone: (11) 3038-5050
atendimento@europanet.com.br
www.europanet.com.br

Diretor Executivo: Luiz Siqueira
Diretor Editorial: Roberto Araújo

Autor: Valerio Romahn
Coordenação Editorial: Roberto Araújo
Edição: Christiane Fenyö
Produção Editorial: Aida Lima
Revisão de Texto: Denise Camargo
Projeto Gráfico e Edição de Arte: Ludmila Viani Taranenko

Dados Internacionais de Catalogação na Publicação (CIP)
(Daniela Momozaki - CRB8/7714)

Romahn, Valerio
Canteiros & cercas vivas / Valerio Romahn -- São Paulo : Editora Europa, 2017. (Biblioteca Natureza. Guia de plantas para uso paisagístico, v.1)
ISBN 9 78-85-7960-467-6 (coleção)
ISBN 978-85-7960-468-3 (título)

1. Arquitetura paisagísica I. Romahn, Valerio II. Título.
CDD 712

Índice para o catálogo sistemático
1. Arquitetura paisagística : 712

Comercial e Livrarias
Paula Hanne - paula@europanet.com.br - (11) 3038-5100

Atendimento ao Leitor
Fabiana Lopes - fabiana@europanet.com.br - (11) 3038-5058

Promoção
Aida Lima - aida@europanet.com.br - (11) 3038-5118

Impressão e Acabamento: Log&Print Gráfica

Apresentação

Você pode escolher qualquer planta para seu jardim. Só que isso seria um tremendo equívoco. A alegria de ver a planta certa se desenvolver saudável e bela é inversamente proporcional ao desgosto de errar na escolha. Para se dar bem é preciso calma e critério, e isso é muito diferente de escolher qualquer uma que você encontrar pelo caminho.

O primeiro ponto é determinar as plantas que estejam de acordo com o paisagismo do seu espaço. Para ajudar nesse agradável trabalho, a Editora Europa produziu a coleção **Grandes Temas do Paisagismo**, infelizmente já esgotada. Nos oito volumes dessa coleção mostramos a arte e beleza para o melhor aproveitamento dos espaços. Agora, com os três volumes deste **Guia de Plantas para Uso Paisagístico**, o Valerio Romahn escolheu as plantas ideais para cada uma das situações mais frequentes no paisagismo.

Assim, sempre de acordo com as condições de luminosidade e solo, você não vai escolher "qualquer planta" quando for fazer seus **Canteiros e Cercas Vivas**. Entre as 120 espécies que compõem esse primeiro volume vai poder decidir aquelas com maior chance de deixar seu paisagismo muito mais bonito e florido. Mesmo porque, uma planta é um compromisso que você firma por muito tempo com a beleza e com a vida.

Roberto Araújo
araujo@europanet.com.br

Canteiros

De todos os elementos que compõem o jardim, nenhum é tão democrático quanto os canteiros – conforme o tamanho, eles podem receber desde herbáceas de pequeno porte até grandes árvores e arbustos, e serem compostos por uma única espécie ou pela combinação de dezenas delas.

Também é função deles ditar o estilo do paisagismo: enquanto os de linha reta e com plantas topiadas remetem aos jardins clássicos, os de formato orgânico e desenhos menos rígidos rendem belas composições naturalistas.

A escolha das melhores espécies para preenchê-los depende de fatores como a localização – as plantas cultivadas junto a caminhos não devem obstruir a passagem, do mesmo modo que as no entorno da piscina devem ter folhas grandes e não caducas, para não sujar a água – e do efeito visual que se deseja obter. As opções de combinação são infinitas.

CANTEIROS
ANUAIS

Begonia × semperflorens-cultorum
Begônia-sempre-florida, begônia-cerosa
Família das begoniáceas (*Begoniaceae*)

Desenvolvidas a partir do cruzamento de diversas espécies, essas begônias são as mais comercializadas em todo o mundo e, no jardim, ficam lindas quando plantadas em grupos forrando os canteiros ou bordando caminhos. Suas flores pequenas têm textura cerosa e podem ser brancas, vermelhas, róseas e até mescladas. Elas nascem em grande quantidade agrupadas na parte terminal dos ramos e despontam continuamente por um longo período, principalmente no verão. As folhas, por sua vez, são espessas, de consistência suculenta, e, conforme o cultivar, seu colorido pode ir do verde-claro ao avermelhado, passando pelo verde-escuro e o acobreado. A herbácea de ciclo anual mede cerca de 20 cm de altura e é típica de clima subtropical, tolerante ao calor tropical de altitude. O solo deve ser rico em matéria orgânica e mantido úmido. Já a reprodução se dá por sementes ou estaquia.

Calendula officinalis

Calêndula, malmequer

Família das asteráceas (*Compositae / Asteraceae*)

Syn.: *Calendula aurantiaca; C. eriocarpa; C. hydruntina; C. officinalis* var. *officinalis; C. officinalis* var. *prolifera; C. prolifera; C. × santamariae; C. sinuata* var. *aurantiaca; Caltha officinalis*

Graças aos melhoramentos genéticos aos quais a calêndula foi submetida ao longo de décadas, hoje é possível encontrar exemplares com flores em diversos tons que vão do amarelo ao laranja – algumas inclusive mescladas – e com pétalas simples ou dobradas. Duráveis, elas medem de 5 cm a 7 cm de diâmetro e surgem isoladas no alto de longas hastes, acima da folhagem, durante o inverno e a primavera. As folhas, de até 10 cm de comprimento, podem ser de dois tipos: as superiores têm formato lanceolado e as inferiores são espatuladas e verde-claras, muito consumidas em saladas. A calêndula pode formar densos maciços nos canteiros ou bordar caminhos, sempre sob sol pleno. Seu porte varia entre 30 cm e 60 cm, conforme o cultivar. Originária da costa do Mar Mediterrâneo, a espécie é típica de clima subtropical árido e aprecia solo arenoso acrescido de matéria orgânica e regado sempre que estiver seco. A reprodução é por sementes.

Cosmos sulphureus

Cosmo-amarelo, áster-do-México

Família das asteráceas (*Compositae / Asteraceae*)

Syn.: *Bidens artemisiifolia* f. *grandiflora*; *B. artemisiifolia* subsp. *intermedia*; *B. artemisiifolia* f. *parviflora*; *B. artemisiifolia* f. *rubra*; *B. artemisiifolia* var. *rubra*; *B. sulfurea*; *B. sulphureus*; *Coreopsis artemisiaefolia*; *C. artemisiifolia*; *Cosmea sulphurea*; *Cosmos artemisiifolius*; *C. aurantiacus*; *C. sulphureus* var. *exaristatus*; *C. sulphureus* var. *hirsuticaulis*; *C. sulphureus* f. *sulphureus*; *C. sulphureus* var. *sulphureus*

Com flores amarelas e vistosas que despontam acima da folhagem, o cosmo-amarelo jamais passa despercebido nos canteiros, onde costuma formar belos maciços sob sol pleno. De ciclo anual, ele atinge até 1 m de altura e, em alguns lugares, é considerado uma espécie invasiva, por conta do alto poder de germinação de suas sementes. Originário do México, é característico de clima tropical, tolerante ao frio subtropical de baixa altitude e litorâneo, e deve ser plantado em solo arenoargiloso acrescido de matéria orgânica. A reprodução é por sementes.

Lobularia maritima

Álisso, doce-álisso

Família das brassicáceas (*Cruciferae / Brassicaceae*)

Syn.: *Adyseton halimifolium; A. maritimum; A. orbiculare; Alyssum halimifolium; A. maritimum; A. minimum; A. odoratum; Anodontea halimifolia; Clypeola halimifolia; C. maritima; Crucifera koniga; Draba maritima; Glyce maritim; Koniga maritima; K. strigulosa; Lepidium fragrans; Lobularia maritima* subsp. *maritima; Lobularia strigulosa; Octadenia maritima; Ptilotrichum strigulosum*

O álisso é prova de que uma planta não precisa ter flores grandes para se fazer notar nos canteiros. As que ele produz durante o verão e parte do outono medem apenas 5 mm, mas são tão numerosas que pintam de branco a paisagem. De quebra, ainda exalam um agradável aroma de mel. Já as folhas são pequenas, lineares e se distribuem ao longo de ramos finos. Muito versátil, a espécie pode ser plantada em vasos e canteiros, à forma de forração; cultivada como bordadura; e até entre pedras e em vãos de escadas. Ela mede 15 cm de altura e 30 cm de largura, é originária da região mediterrânea e típica de clima subtropical. O solo deve ser rico em matéria orgânica e mantido úmido, e a reprodução é por sementes.

Salvia farinacea
'Victoria Blue'

Sálvia-azul, sálvia-farinhenta

Família das lamiáceas (*Labiatae / Lamiaceae*)

Syn.: *Salvia amabilis*; *S. caesia*; *S. earlei*; *S. farinacea* var. *heteranthera*; *S. farinacea* var. *latifolia*; *S. trichostyle*

Ao contrário da espécie-tipo, que pode medir até 1,2 m de altura, esse cultivar de sálvia tem porte mais compacto – não passa dos 50 cm –, mas floresce muito mais intensamente, garantindo a exuberância dos canteiros a partir de meados da primavera e durante todo o verão. Compostas por pequenas flores azul-escuro arroxeadas – daí o nome de sálvia-azul –, as inflorescências da espécie medem até 10 cm de comprimento e atraem borboletas e beija-flores. O fato de o cálice da flor e a haste floral serem encobertos por um tomento de aspecto farinhento, por sua vez, rendeu à planta seu outro nome popular: sálvia-farinhenta. As folhas são longas, lanceoladas, têm bordas serrilhadas e um belo colorido verde-claro prateado. Embora seja uma espécie perene, a sálvia-azul normalmente é cultivada como anual, sempre sob sol pleno. Típica de clima subtropical, ela aprecia solo rico em matéria orgânica e mantido úmido. A reprodução é por sementes.

Salvia splendens (Dwarf Group)

Sálvia, sangue-de-Adão

Família das lamiáceas (*Labiatae / Lamiaceae*)

Desenvolvido por cruzamentos e melhoramentos genéticos a partir da *Salvia splendens*, esse grupo de plantas pode ter flores em uma boa variedade de cores, entre as quais o branco, o roxo, o rosa e o vermelho-sangue – esta última a mais popular –, todas com porte anão, de 30 cm a 40 cm de altura. As inflorescências também são mais densas e surgem durante o verão e parte do outono, atraindo borboletas. O uso mais comum da espécie é na formação de maciços, mas ela também pode bordar caminhos ou ser cutlivada em vasos e jardineiras, sempre sob sol pleno. De ciclo anual ou bienal, a sálvia é característica tanto de clima tropical como subtropical e deve ser cultivada em solo rico em matéria orgânica, bem drenado e mantido úmido. A reprodução é por sementes.

Tagetes patula (French Group)

Malmequer-francês, cravo-de-defunto

Família das asteráceas (*Compositae / Asteraceae*)

Apesar do "francês" no nome, essas herbáceas desenvolvidas a partir de cruzamentos da espécie *Tagetes patula* nada têm de francesas – foram criadas a partir de uma planta mexicana. No jardim, seu principal uso é na formação de maciços, embora também seja comum vê-la bordando caminhos e canteiros com suas inflorescências que mesclam amarelo, laranja e marrom-avermelhado. Com entre 2 cm e 5 cm de diâmetro, elas despontam a partir da primavera até meados do outono. As folhas do malmequer-francês, por sua vez, são compostas de diversos folíolos longos e estreitos e, quando maceradas, exalam um agradável aroma. A herbácea de ciclo anual pode medir até 30 cm de altura e é característica de clima tropical, tolerante ao frio subtropical de baixa altitude em regiões onde não ocorrem geadas. O solo deve ser rico em matéria orgânica e mantido úmido, e a reprodução é por sementes.

Viola × wittrockiana

Amor-perfeito, amor-perfeito-de-jardim

Família das violáceas (*Violaceae*)

    As flores de até 12 cm de diâmetro dessa espécie podem ser encontradas em uma boa variedade de cores e exibem desenhos exóticos e muito ornamentais que não passam despercebidos nos canteiros. Elas são sustentadas por longos pecíolos, que se desenvolvem nas axilas das folhas e, em regiões de clima subtropical, despontam no inverno. Ideal para formar maciços ou enfeitar vasos e jardineiras, a herbácea vai bem sob sol pleno e à meia-sombra e pode medir de 10 cm a 25 cm de altura. Ela tem ciclo anual ou bienal e deve ser cultivada em solo rico em matéria orgânica, solto, bem drenado e mantido úmido. A reprodução é por sementes.

Acalypha chamaedrifolia

Rabo-de-gato, acalifa-rasteira

Família das euforbiáceas (*Euphorbiaceae*)

Syn.: *Acalypha adscendens*; *A. chamaedrifolia* var. *brevipes*; *A. corchorifolia*; *A. hispaniolae*; *A. hotteana*; *Acalypha reptans*; *A. reptans* var. *brevipes*; *A. reptans* var. *genuina*; *Croton chamaedrifolius*; *Cupamenis chamedrifolia*; *Cupamenis reptans*; *Ricinocarpus chamaedrifolius*

Para ter os canteiros sempre pintados de vermelho, basta apostar no uso do rabo-de-gato. Suas inflorescências plumosas despontam quase que ininterruptamente acima das folhas verde-escuras, de bordas serrilhadas e cobertas por uma fina pelugem. Como o caule cresce rente ao solo, a espécie não passa dos 20 cm de altura e é ótima para forrar canteiros – outros usos comuns são nos vãos de escadas, em floreiras e como bordadura. Nativo do sul do Estado da Flórida, nos EUA, e de grande parte do Caribe, o rabo-de-gato é típico de climas subtropical e tropical, e gosta de sol pleno. O solo deve ser rico em matéria orgânica, bem drenado e mantido úmido, e a reprodução é por estaquia dos ramos mais densos ou divisão da planta.

Arachis repens
Grama-amendoim

Família das fabáceas (*Leguminosae / Fabaceae*)

O aspecto delicado de sua folhagem faz da grama-amendoim uma forração muito ornamental para ambientes sob sol pleno ou à meia-sombra. Suas folhas verde-escuras e ovaladas nascem aos pares e, na primavera e no verão, ganham a companhia de pequenas flores amarelas. Muito indicada para conter a erosão em taludes, a herbácea de até 20 cm de altura é endêmica de quase todo o Brasil e típica tanto de clima tropical como subtropical. Ela não tolera geadas e deve ser plantada em solo arenoargiloso acrescido de matéria orgânica, regado quando estiver seco. A reprodução é por sementes ou divisão de touceiras.

Evolvulus glomeratus

Azulzinha, evólvulus

Família das convolvuláceas (*Convolvulaceae*)

Syn.: *Evolvulus echioides*; *Evolvulus glomeratus* f. *strictus*; *Evolvulus strictus*

Para quem prefere pintar os canteiros de azul, a dica é apostar na azulzinha como forração: suas pequenas flores em forma de funil e com até 2,5 cm de diâmetro despontam o ano todo a partir das axilas das folhas. O contraste delas com as folhas ovaladas e de textura aveludada, que forma uma bela massa verde, é impressionante. Muito usada para compor grandes maciços, a herbácea também pode ser cultivada como bordadura, em jardins de pedras e em vasos como pendente, sob sol pleno ou à meia-sombra. Perene, mede até 30 cm de altura e é nativa do Brasil e característica de clima tropical, tolerante ao frio subtropical de baixa altitude em regiões onde não ocorrem geadas. O solo deve ser rico em matéria orgânica e regado quando estiver seco. Já a reprodução se dá por estaquia e divisão da planta.

Evolvulus pusillus
Gota-de-orvalho

Família das convolvuláceas (*Convolvulaceae*)

Syn.: *Meriana procumbens*

Durante a maior parte do ano, a gota-de-orvalho forra os canteiros com seus ramos cobertos por pequenas folhas ovaladas. Na primavera e no verão, no entanto, a massa verde é salpicada por diminutas flores brancas que se abrem sempre ao amanhecer. Originária do Brasil e típica de clima tropical, tolerante ao subtropical de baixa altitude em regiões não sujeitas a geadas, a espécie mede até 10 cm de altura e aprecia solo arenoso, acrescido de matéria orgânica e regado quando estiver seco. Reproduz-se por estaquia e divisão da planta.

Glandularia tenera

Verbena, camaradinha

Família das verbenáceas (*Verbenaceae*)

Syn.: *Glandularia pulchella*; *G. pulchella* var. *clavellata*; *G. pulchella* var. *gracilior*; *Shuttleworthia pulchella*; *S. tenera*; *Verbena erinoides* var. *alba*; *V. geraniifolia*; *V. mahonetii*; *V. pulchella*; *V. pulchella* var. *clavellata*; *V. pulchella* var. *gracilior*; *V. santiaguensis* f. *albiflora*; *V. tenera*; *V. tenera* f. *albiflora*; *V. tenera* var. *albiflora*; *V. tenuisecta* var. *glabrata*

De aspecto delicado, a verbena desenvolve um denso e ornamental sistema foliar. Os ramos nascem inicialmente eretos e, na maturidade, adquirem hábito decumbente – a planta não suporta o peso do próprio caule e acaba reclinando rente ao solo. As folhas são longas, verde-escuras, profundamente recortadas e encobertas por um fino tomento de textura sedosa. Existem diversos cultivares, com variações no colorido das flores, que podem ser brancas, avermelhadas, lilases, arroxeadas e até estriadas em duas cores. Elas são pequenas e nascem aglomeradas nas pontas dos ramos durante a primavera e o verão. A verbena pode ser cultivada em vasos e jardineiras, em canteiros à forma de forração ou como bordadura, sob sol pleno. Herbácea perene – mas cultivada como bienal por apresentar aspecto ruim com a idade –, muito ramificada, ligeiramente pendente, de até 30 cm de altura, é originária do sul do Brasil e da Argentina e característica de clima subtropical, tolerante ao calor tropical de altitude. O solo deve ser rico em matéria orgânica, bem drenado e mantido úmido, e a reprodução é por divisão da planta ou pela ramagem já enraizada.

Hemigraphis alternata

Hera-roxa, planta-metálica

Família das acantáceas (*Acanthaceae*)

Syn.: *Blechum cordatum; Goldfussia colorata; Hemigraphis colorata; Ruellia alternata; Ruellia colorata*

A hera-roxa é daquelas plantas que mudam de cor conforme a luz solar: quando cultivada sob sol pleno, suas folhas mesclam tons que vão do cinza-prateado ao arroxeado e exibem um belo efeito metálico. Já quando recebem apenas luz difusa, ficam cinza-metálicas. A face inferior, no entanto, é sempre cor de vinho. A folhagem é o principal atrativo ornamental da espécie – as flores pequenas, brancas e pouco vistosas, que surgem na primavera e no verão, são incapazes de fazer frente a elas. A herbácea tem caule reptante – que cresce rente ao solo – e pode ser usada como forração ou em bordaduras, uma vez que seus ramos atingem até 20 cm de altura. Ela é nativa da Índia, Java e Malásia e típica de clima tropical, tolerante ao frio subtropical de baixa altitude em regiões onde não ocorrem geadas. O solo deve ser rico em matéria orgânica, bem drenado e mantido úmido. A reprodução é pela ramagem já enraizada.

Lysimachia congestiflora
Lisimáquia

Família das primuláceas (*Primulaceae*)

Syn.: *Lysimachia congestiflora* var. *atronervata*; *L. gymnocephala*; *L. hui*; *L. japonica* var. *cephalantha*; *L. nigropunctata*; *L. rubroglandulosa*; *L. smithiana*; *L. taiwaniana*

É durante a primavera e o verão, épocas em que despontam as flores amareladas e de miolo avermelhado, que a lisimáquia deixa o jardim mais bonito. Com cinco pétalas, elas se formam nas pontas dos ramos, agrupadas em inflorescências globosas. As folhas, por sua vez, são pequenas, cobertas por uma fina pelugem e brotam aos pares ou de forma espiralada ao longo da ramagem. Com até 15 cm de altura e ramos de 40 cm de comprimento, a herbácea é ideal para forrar canteiros, mas também pode ser cultivada entre pedras ou em vasos e jardineiras suspensos, com seus ramos pendendo. Vai bem tanto sob sol pleno quanto à meia-sombra e, por ser nativa da China, no Brasil só pode ser cultivada em áreas de clima subtropical ou tropical de altitude. O solo deve ser rico em matéria orgânica e mantido úmido. Já a reprodução se dá pela ramagem já enraizada.

Persicaria capitata
Tapete-inglês

Família das poligonáceas (*Polygonaceae*)

Syn.: *Cephalophilon capitatum*; *Polygonum capitatum*

Poucas plantas forrageiras são tão ornamentais quanto o tapete inglês: como se não bastasse o fato de suas folhas serem muito bonitas – elas medem até 5 cm de comprimento, têm formato de lança, são verde-escuras com nuances avermelhados e têm as bordas e a nervura longitudinal cor de vinho –, durante boa parte do ano a espécie é tomada por inflorescências rosadas e globosas de até 1,5 cm de diâmetro. Ideal para forrar canteiros e para o plantio em vãos de escadas e muros, a herbácea não passa dos 5 cm de altura, mas seus ramos podem chegar aos 20 cm de comprimento. Vai bem tanto sob sol pleno quanto à meia-sombra e, por ser originária do Himalaia, no norte da Índia, é característica de clima subtropical, tolerante ao calor tropical serrano. O solo pode ser arenoargiloso acrescido de matéria orgânica e regado quando estiver seco. A reprodução se dá pela ramagem já enraizada ou divisão da planta.

Argyranthemum frutescens

Margarida-de-Paris, margarida-dos-floristas

Família das asteráceas (*Compositae / Asteraceae*)

Syn.: *Anthemis frutescens*;
Argyranthemum frutescens var. *frutescens*;
A. frutescens subsp. *frutescens*; *Chrysanthemum floridum*;
C. foliosum; *C. frutescens*; *C. frutescens* var. *frutescens*;
C. fruticosum; *Pyrethrum frutescens*

Com até 6 cm de diâmetro, as inflorescências da margarida-de-Paris despontam sem parar praticamente o ano todo e fazem da espécie uma ótima opção para compor bordaduras floridas tanto para canteiros quanto para caminhos. Cada inflorescência é composta por dois tipos de flores: as férteis, que formam um miolo amarelo; e as estéreis, dispostas ao redor das férteis e dotadas de uma única pétala branca. Elas se formam acima da folhagem verde-amarelada da espécie, que pode medir até 1 m de altura. Originária da região da Macronésia, um grupo de ilhas no Atlântico Norte que compreende Ilhas Canárias, Ilha da Madeira, Açores e Cabo Verde, a herbácea é característica de clima subtropical e tolerante ao calor tropical de altitude. Plante-a sob sol pleno, em solo rico em matéria orgânica, bem drenado e mantido úmido. A reprodução é por estaquia.

Asystasia gangetica

Coromandel

Família das acantáceas (*Acanthaceae*)

Syn.: *Asystasia acuminata*; *A. bojeriana*; *A. calycina*; *A. comorensis* var. *humilis*; *A. coromandeliana*; *A. gangetica* subsp. *gangetica*; *A. gangetica* var. *mendeliana*; *A. intrusa*; *A. plumbaginea*; *A. quarterna*; *A. violacea*; *Dyschoriste biloba*; *Justicia gangetica*

Intensamente florífero durante quase o ano inteiro, o coromandel esbanja alegria nos jardins tropicais. Suas flores em forma de sino se formam na metade superior dos ramos, de até 50 cm de altura, e, conforme o cultivar, podem ser róseo-arroxeadas, amareladas ou brancas. A herbácea é indicada para bordar canteiros e caminhos, mas também pode formar maciços no jardim e ser cultivada em jardineiras elevadas. Originária da Índia, Malásia e África, é característica de clima tropical quente e úmido, e tolerante ao frio subtropical em regiões onde não ocorrem geadas. O solo deve ser rico em matéria orgânica, bem drenado e mantido úmido, e a reprodução se dá por estaquia ou divisão da planta.

CANTEIROS
HERBÁCEAS PARA BORDADURA

Catharanthus roseus
Boa-noite, vinca-rosa

Família das apocináceas (*Apocynaceae*)

Syn.: *Ammocallis rosea*; *Lochnera rosea*; *Pervinca rosea*; *Vinca rosea*; *Vinca speciosa*

A boa-noite é garantia de bordaduras floridas o ano todo: suas flores – que conforme o cultivar podem ser rosadas com o miolo róseo-avermelhado, brancas ou brancas com o miolo róseo-avermelhado – despontam sem parar nas pontas dos ramos – com maior intensidade no verão – e medem até 3,5 cm de diâmetro. As folhas, por sua vez, têm até 7,5 cm de comprimento e exibem um vistoso colorido verde-escuro brilhante. Em dias muito quentes, elas ficam enroladas e, à noite, voltam ao estado normal. A herbácea vai bem tanto sob sol pleno quanto à meia-sombra e pode atingir 50 cm de altura. Apesar de ser perene, muita gente a cultiva como bienal. Originária de Madagáscar, hoje a boa-noite é plantada em praticamente todo o mundo em regiões tropicais e subtropicais de baixa altitude onde não ocorrem geadas. Cultive-a em solo arenoargiloso, e regue-o apenas quando ele estiver seco. A reprodução é por sementes e mudas que surgem próximas à planta-mãe. Todas as partes da planta são tóxicas.

Cuphea gracilis

Falsa-érica, érica

Família das litráceas (*Lythraceae*)

Syn.: *Cuphea antisyphilitica*; *C. gracilis* var. *media*; *C. gracilis* var. *orinocensis*; *C. multicaulis*; *C. pauciflora*

Brancas ou lilases, as pequenas flores dessa herbácea brotam sem parar e em grande quantidade, garantindo o colorido do jardim em qualquer estação. Elas são pequenas, muito visitadas por abelhas e encobrem toda a planta, proporcionando um efeito ornamental de aspecto delicado às bordaduras de caminhos e canteiros. As folhas, por sua vez, são verde-escuras, lanceoladas e se formam aos pares ao longo dos ramos. A falsa-érica vai bem sob sol pleno ou à meia-sombra e mede até 30 cm de altura. Nativa do Brasil, Colômbia, Guiana, Peru e Venezuela, é característica de clima tropical, tolerante ao frio subtropical de baixa altitude ou litorâneo. O solo deve ser rico em matéria orgânica e mantido úmido, e a reprodução é por sementes ou estaquia.

Cuphea ignea
Flor-de-Santo-Antônio, cigarrilha

Família das litráceas (*Lythraceae*)

Syn.: *Cuphea liebmannii; C. platycentra; C. tubiflora; Parsonsia ignea; P. liebmannii; P. platycentra*

Está aí outra herbácea que, por florescer durante todo o ano, deixa as bordaduras muito mais interessantes. Pequenas e tubulares, as flores da flor-de-Santo-Antônio exibem um belo colorido vermelho-alaranjado. Quando vistas de perfil, elas se parecem com a imagem de Santo Antônio – daí o nome popular da espécie. Outros acham que a mescla de roxo e branco que tinge as extremidades da corola deixa a flor de até 2 cm de comprimento parecendo um cigarro aceso e preferem chamá-la de cigarrilha. As folhas lanceoladas, de até 3,5 cm de comprimento, são verde-escuras e podem apresentar mesclas avermelhadas. A espécie vai bem sob sol pleno e à meia-sombra, mede até 60 cm de altura e é originária do sul do México e do Caribe. Característica de clima tropical e tolerante ao frio subtropical de baixa altitude, deve ser plantada em solo rico em matéria orgânica e mantido úmido. A reprodução é por estaquia.

Felicia amelloides 'Variegata'
Margarida-azul

Família das asteráceas (*Compositae / Asteraceae*)

Syn. da espécie tipo: *Agathaea amelloides*; *A. amelloides* var. *amelloides*; *A. coelestis*; *A. rotundifolia*; *Aster capensis* var. *rotundifolius*; *Aster rotundifolius*; *Cineraria amelloides*; *C. amoena*; *C. oppositifolia*

De aparência delicada e nobre, essa herbácea encanta pela combinação de pequenas folhas verde-claras com as bordas esbranquiçadas e flores azuladas com miolo amarelo, similares às margaridas. Com 3 cm de diâmetro cada, elas surgem durante o verão e o outono isoladas em hastes, acima da densa folhagem da espécie. Indicada para bordar canteiros e caminhos, a margarida-azul também pode ornamentar vasos e jardineiras ou formar grandes grupos sob sol pleno. Seu porte varia entre 50 cm e 1 m de altura e ela é nativa da África do Sul. Característica de clima subtropical e tolerante ao calor tropical serrano, aprecia solo arenoso, rico em matéria orgânica e regado quando estiver seco. Reproduz-se por sementes ou estaquia.

Festuca glauca

Grama-azul

Família das poáceas (*Gramineae / Poaceae*)

Syn.: *Festuca calcarea*; *F. duriuscula* var. *glauca*; *F. glauca* var. *juncea*; *F. strictifolia*; *F. veneris*

Essa gramínea ornamental tem folhas finas e longas que exibem um impressionante tom azul-prateado. Elas se desenvolvem desde a base formando tufos e, a partir de meados da primavera e durante o verão, ganham a companhia de inflorescências que despontam no ápice de hastes de até 25 cm de comprimento. Elas são plumosas, esbranquiçadas a princípio, mas com o passar dos dias adquirem uma tonalidade dourada. A espécie pode ser cultivada como bordadura de canteiros e caminhos, entre pedras, em vãos de escadas ou compondo grandes maciços sob sol pleno. Para que ela adquira formato globoso, é essencial deixar cerca de 20 cm entre as mudas. A grama-azul é uma planta de curta duração e, após dois ou três anos do plantio, as folhas no centro do tufo começam a perecer. Quando isso acontece, é hora de dividir a touceira em duas ou quatro partes e replantá-las. Originária da Europa, a herbácea de até 18 cm de altura tem seu cultivo no Brasil restrito às regiões de clima subtropical de altitude. O solo deve ser arenoso, acrescido de matéria orgânica e regado apenas quando estiver seco. A reprodução é por sementes ou divisão de touceira.

Heliotropium arborescens

Planta-chocolate, heliotrópio

Família das boragináceas (*Boraginaceae*)

Syn.: *Heliotropium arborescens* var. *grisellum*; *Heliotropium corymbosum*; *Heliotropium peruvianum*

Graças aos melhoramentos genéticos, hoje é possível encontrar a planta-chocolate com uma boa variedade de portes – enquanto algumas não passam dos 30 cm, outras chegam aos 70 cm – e cores. Suas inflorescências, que podem ser azul-escuras, brancas ou lilases, todas com um intenso perfume de chocolate, despontam principalmente no verão, na parte terminal dos ramos. As folhas, por sua vez, têm formato ovalado e pontiagudo, nervuras bem marcadas, medem até 7 cm de comprimento e são cobertas por um tomento de textura áspera. Ideal para bordar canteiros mistos, formar maciços no jardim ou para o plantio em vasos, a herbácea aprecia sol pleno e solo rico em matéria orgânica, bem drenado e úmido. Ela foi criada a partir de uma espécie nativa do Peru, e é típica de clima tropical de altitude, tolerante ao frio subtropical. A reprodução é por estaquia.

Hemigraphis alternata 'Exotica'

Hera-roxa-crespa

Família das acantáceas (*Acanthaceae*)

A hera-roxa dispensa floradas para formar bordaduras vistosas: suas folhas longas, estreitas e verde-arroxeado-escuro com efeito metálico dão conta do recado. Afinal, além do belo colorido, elas ainda têm a seu favor a superfície de aparência encrespada, as nervuras vermelho-arroxeadas e o fato de formarem um conjunto bem denso. As flores até existem – elas são brancas e surgem nas pontas dos ramos durante a primavera e o verão –, mas são tão pouco vistosas que passam quase que despercebidas. Nativa da Índia, Java e Malásia, a herbácea de até 20 cm de altura é típica de clima tropical, tolerante ao frio subtropical de baixa altitude em regiões onde não ocorrem geadas. O solo deve ser rico em matéria orgânica, bem drenado e mantido úmido, e a reprodução é pela ramagem já enraizada.

Hypoestes phyllostachya

Confete, face-sardenta

Família das acantáceas (*Acanthaceae*)

Não fosse pelas pequenas manchas brancas, róseas ou avermelhadas que salpicam intensamente as folhas verde-escuras do confete, a herbácea certamente não proporcionaria um efeito tão impressionante quando usada para bordar caminhos e canteiros. De tão vistosas, elas fazem com que as flores brancas e arroxeadas, que surgem no verão, passem praticamente despercebidas. Ideal para jardins sob sol pleno, a espécie de até 75 cm de altura é nativa de Madagáscar e típica de clima tropical, não tolerante ao frio. Aprecia solo rico em matéria orgânica, bem drenado e mantido úmido, e reproduz-se por sementes ou estaquia.

Iresine herbstii 'Acuminata'
Iresine

Família das amarantáceas (*Amaranthaceae*)

A folhagem dessa iresine é capaz de, sozinha, pintar de cor de vinho jardins sob sol pleno e à meia-sombra. Além do belo colorido, as folhas de até 10 cm de comprimento têm como atrativos as nervuras róseo-avermelhadas e a superfície brilhante. Muito usada para bordar canteiros e caminhos, a espécie nativa do Brasil também é uma ótima pedida para formar maciços densos e enfeitar vasos, e fica ainda mais bonita no verão, quando surgem suas inflorescências espigadas e amareladas. Com até 60 cm de altura, a herbácea pode ser plantada tanto em regiões de clima tropical quanto subtropical de baixa altitude, em áreas não sujeitas a geadas. O solo deve ser rico em matéria orgânica, solto, bem drenado e mantido úmido. A reprodução é por estaquia.

Leucanthemum vulgare
Margarida

Família das asteráceas (*Compositae / Asteraceae*)

Syn.: *Bellis major*; *Chamaemelum leucanthemum*; *Chrysanthemum dentatum*; *C. ircutianum*; *C. lanceolatum*; *C. leucanthemum*; *C. montanum*; *C. praecox*; *C. pratense*; *C. sylvestre*; *C. vulgare*; *L. lanceolatum*; *L. leucanthemum*; *L. praecox*; *Matricaria leucanthemum*; *Pontia heterophylla*; *P. vulgaris*; *Pyrethrum leucanthemum*; *Tanacetum leucanthemum*
Entre var., subsp. e f. existem ainda mais 16 sinonímias

Seja cultivada como bordadura ou compondo grandes maciços, a margarida jamais passa despercebida no verão e no outono, épocas de sua floração. É que suas vistosas inflorescências de até 5 cm de diâmetro chamam a atenção de longe por conta do contraste entre o miolo amarelo, formado pelas flores férteis, e as pétalas brancas, que nascem presas às flores estéreis, localizadas na parte mais periférica da inflorescência. No restante do ano, o que se vê são apenas as folhas longas e estreitas, com formato semelhante ao de uma colher, bordas serrilhadas e de colorido verde-escuro. Ideal para ambientes sob sol pleno, a herbácea de até 60 cm de altura é nativa da região do Cáucaso, na Europa, e, em certas partes do mundo, é considerada invasiva. No Brasil, só pode ser plantada em regiões de clima subtropical de altitude. O solo pode ser arenoargiloso acrescido de matéria orgânica e mantido úmido. A reprodução é por sementes ou divisão de touceiras junto com uma parte do rizoma.

Ophiopogon jaburan 'Vittatus'
Barba-de-serpente-variegada, ofiópogo-variegado

Família das asparagáceas (*Liliaceae / Convallariaceae / Asparagaceae*)

Syn.: *Convallaria japonica* var. *major*; *Flueggea jaburan*; *F. japonica* var. *major*; *Mondo jaburan*; *M. jaburan* var. *major*; *M. japonicum* var. *major*; *M. taquetii*; *Ophiopogon taquetii*; *Slateria jaburan*

Graças às estrias esbranquiçadas, que contrastam com a folhagem fina, linear e verde-clara, a barba-de-serpente é daquelas plantas que parecem iluminar o jardim, principalmente quando usada para bordar canteiros onde crescem espécies de folhagem mais escura. Ela não passa dos 40 cm de altura e, no verão, se enche de flores brancas e pouco vistosas que se agrupam em inflorescências espigadas. Os frutinhos que elas originam quando fecundadas, por sua vez, são esféricos e azul-escuro brilhantes. A herbácea vai bem sob sol pleno ou à meia-sombra e é nativa do sul do Japão e da Coreia, característica tanto de clima temperado quente como subtropical. O solo deve ser rico em matéria orgânica, bem drenado e mantido úmido, e a reprodução é por divisão de touceira.

Osteospermum ecklonis 'Passion Mix'
Margarida-do-cabo

Família das asteráceas (*Compositae / Asteraceae*)

Syn.: *Dimorphotheca ecklonis*

O visual das flores da margarida-do-cabo lembra muito o da margarida, só que o colorido é bem mais exuberante. Graças a cruzamentos e melhorias genéticas, foram desenvolvidos inúmeros cultivares da espécie, com inflorescências de miolo roxo-escuro e pétalas em tons que vão do branco ao rosa-intenso, passando pelo lilás. A folhagem também muda conforme o cultivar: enquanto em algumas plantas as folhas são longas, em outras elas são mais espatuladas. Há ainda variedades com folhas de bordas denteadas e até de consistência suculenta. A herbácea é uma ótima pedida para formar bordaduras, renques e até maciços no jardim, sempre sob sol pleno. Ela mede até 45 cm de altura, e foi desenvolvida a partir de uma espécie nativa da África do Sul, onde predomina o clima subtropical. Plante-a em solo rico em matéria orgânica e mantido úmido. A reprodução se dá por sementes ou estaquia.

Salvia leucantha

Sálvia-bicolor, sálvia-do-México

Família das lamiáceas (*Labiatae / Lamiaceae*)

Syn.: *Salvia bicolor; Salvia leucantha* f. *iobaphes*

Considerada uma das mais belas sálvias, essa espécie faz bonito no jardim tanto por conta de suas flores quanto de suas folhas longas, de até 12 cm de comprimento, com a face inferior coberta por um fino tomento que confere a elas um tom branco-acinzentado – a face superior é verde-acinzentada e tem textura rugosa. As inflorescências espigadas, de até 30 cm de comprimento, se formam a partir do final do verão e durante todo o outono nas extremidades dos caules, e são compostas por inúmeras e pequenas flores brancas, envoltas por vistosos cálices azul-arroxeados, encobertos por uma fina pelugem. Os beija-flores e borboletas adoram. No final do inverno, a espécie precisa ser submetida a uma poda drástica. A sálvia-bicolor pode ser cultivada como bordadura de canteiros ou ao longo de caminhos e ainda compor maciços sob sol pleno. Ela forma touceiras de até 1,2 m de altura e é originária das florestas de coníferas do México, característica de clima subtropical e tolerante ao calor tropical de altitude. O solo deve ser rico em matéria orgânica e regado quando estiver seco. Já a reprodução é por estaquia.

Senecio viravira
Senécio-vira-vira

Família das asteráceas (*Compositae / Asteraceae*)

Syn.: *Senecio albicaulis* var. *glabriusculus*; *S. argentinus*; *S. pinnatus* var. *achalensis*; *S. sericeus* var. *glabriusculus*; *S. sericeus* var. *pinnatifidus*

Para bordar os canteiros e caminhos de prateado, basta cultivar nessa área o senécio-vira-vira, uma espécie de folhagem muito recortada e coberta por um tomento branco de textura aveludada. Suas flores amareladas de 2,5 cm de diâmetro parecem pompons e despontam durante o ano todo, atraindo abelhas e borboletas para o jardim. Nativa da Argentina, a espécie é típica de clima subtropical árido e deve ser mantida sempre sob sol pleno. Outro requisito é o solo arenoso acrescido de matéria orgânica e regado quando estiver seco. A reprodução é por sementes ou estaquia.

Agapanthus africanus
Agapanto

Família das amarilidáceas (*Liliaceae / Alliaceae / Amaryllidaceae*)

Syn.: *Abumon africanum; Agapanthus minor; A. tuberosus; A. umbellatus; Crinum africanum; C. floridum; Mauhlia africana; M. linearis; M. umbellata; Tulbaghia africana; T. africana var. heisteri; T. heisteri; T. minor*

Durante a maior parte do ano, tudo que se vê nos canteiros são as folhas longas, estreitas e verde-claras dos agapantos. Elas formam uma densa touceira muito ornamental. Em meados da primavera e no início do verão, no entanto, grandes inflorescências globosas começam a despontar em hastes altas, de até 1 m, mudando completamente a paisagem com o tom azulado das flores campanuladas. Cultivada principalmente formando grandes maciços, a herbácea vai bem sob sol pleno ou à meia-sombra. Ela mede até 60 cm de altura, é nativa da África do Sul e característica de clima subtropical. O solo deve ser rico em matéria orgânica, bem drenado e regado quando estiver seco. A reprodução é por divisão da planta.

Alpinia purpurata

Alpínia, gengibre-vermelho

Família das zingiberáceas (*Zingiberaceae*)

Syn.: *Alpinia grandis*; *A. purpurata* var. *albobracteata*; *A. purpurata* var. *anomala*; *A. purpurata* var. *grandis*; *Guillainia novo-ebudica*; *G. purpurata*; *Languas purpurata*

Não há quem resista ao encanto de um belo maciço de alpínias floridas no canteiro. Como as inflorescências cilíndricas e espigadas, com vistosas brácteas vermelhas, despontam sem parar durante o ano todo, o espetáculo é garantido. As flores brancas e pequenas ficam escondidas em meio a essas brácteas e são muito procuradas por beija-flores. Já as folhas, de até 60 cm de comprimento, são verde-claras e nascem a partir da metade superior de longas hastes da planta. A alpínia pode ser cultivada sob sol pleno ou à meia-sombra e forma touceiras de até 2 m de altura. Nativa das ilhas do Pacífico Sul, é típica de clima tropical quente e úmido, tolerante ao frio subtropical de baixa altitude ou litorâneo. O solo deve ser rico em matéria orgânica e mantido úmido, e a reprodução é por divisão de touceira ou mudas que se desenvolvem nas inflorescências.

Angelonia angustifolia

Angelônia, boca-de-leão-de-verão

Família das plantagináceas (*Scrophulariaceae / Plantaginaceae*)

O aspecto delicado das flores da angelônia faz sucesso nos canteiros, onde a espécie pode ser plantada formando maciços ou como bordadura, sempre sob sol pleno. Róseas, arroxeadas ou brancas, elas brotam em grande quantidade nas extremidades dos caules principalmente na primavera e no verão, cada uma medindo cerca de 1,5 cm de comprimento. As folhas longas e estreitas são pontiagudas com as bordas serrilhadas e, quando maceradas com as pontas dos dedos, exalam um leve aroma de maçã. Nativa do México e da América Central, a herbácea mede até 50 cm de altura e, em regiões de clima ameno, precisa de uma poda drástica no final do outono. Ela vive melhor em clima tropical quente, mas também tolera frio subtropical de baixa altitude, devendo ser plantada em solo rico em matéria orgânica, bem drenado e regado quando estiver seco. A reprodução é por sementes ou estaquia.

Barleria cristata

Barléria, violeta-filipina

Família das acantáceas (*Acanthaceae*)

Syn.: *Barleria alba*; *B. chegosa*; *B. ciliata*; *B. cristata* var. *albida*; *B. cristata* var. *dichotoma*; *B. cristata* var. *mairei*; *B. dichotoma*; *B. indica*; *B. laciniata*; *B. lactea*; *B. napalensis*; *B. napalensis* var. *microphylla*; *B. nuda*; *B. prinoides*; *B. venulosa*

Apaixonada pelo calor, a barléria floresce praticamente o ano todo, com maior intensidade nos meses quentes, e deixa o jardim cheio de flores azul-arroxeadas e em forma de funil. Suas folhas, por outro lado, têm formato elíptico e ovalado, são verde-escuras e, embora ásperas ao tato, são cobertas por uma fina pelugem. Ideal para formar grupos nos canteiros, ela também pode ser usada na composição de renques, separando ambientes do jardim. Mede até 1,2 m de altura e é nativa da Índia e do Sudeste Asiático, típica de clima tropical, tolerante ao frio subtropical de baixa altitude ou litorâneo, onde não ocorrem geadas. O solo deve ser rico em matéria orgânica, bem drenado e mantido úmido. Já a reprodução se dá por sementes ou estaquia.

Begonia 'Dragon Wing'

Begônia-asa-de-dragão

Família das begoniáceas (*Begoniaceae*)

Há quem enxergue no conjunto de folhas e flores dessa herbácea a imagem de um dragão voando e cuspindo fogo, o que rendeu a ela o nome popular de begônia-asa-de-dragão. Folclore à parte, o que importa mesmo para quem decide cultivá-la é o efeito que o conjunto proporciona nos canteiros, onde costuma formar maciços amplos sob sol pleno ou à meia-sombra. A planta tem caule carnudo e segmentado por entrenós, semelhante ao das canas, e folhas que nascem diametralmente opostas, como se fossem um par de asas. As inflorescências vermelhas ou róseas despontam em meio a elas. A espécie híbrida atinge até 80 cm de altura e é típica de clima tropical, tolerante ao frio subtropical de baixa altitude ou litorâneo, onde não ocorrem geadas. O solo deve ser rico em matéria orgânica, solto, bem drenado e regado sempre que estiver seco. A reprodução é por sementes ou estaquia.

Cenchrus setaceus

Capim-do-Texas, capim-chorão

Família das poáceas (*Gramineae / Poaceae*)

Syn.: *Pennisetum erythraeum*; *P. macrostachyon*; *P. numidicum*; *P. orientale* var. *altissimum*; *P. orientale* subsp. *parisii*; *P. orientale* var. *parisii*; *P. parisii*; *P. phalaroides*; *P. rueppelianum*; *P. ruppellii*; *P. ruppellii* var. *depauperatum*; *P. scoparium*; *P. setaceum*; *P. spectabile*; *P. tiberiadis*; *Phalaris setacea*

Graças à sua folhagem densa e graciosamente recurvada e às inflorescências plumosas que despontam durante boa parte do ano, com maior intensidade no verão e no outono, o capim-do-Texas tornou-se uma das gramíneas mais cultivadas em todo o mundo. Nos jardins, ele é usado principalmente para formar maciços em canteiros mistos junto com outras espécies de plantas ou como bordadura, sempre sob sol pleno. Em ambas as situações, forma touceiras densas, que devem ser podadas em dois terços durante o inverno, para renovar a folhagem. Com cerca de 1 m de altura, a gramínea é nativa do norte da África e característica de clima subtropical árido, tolerante ao calor tropical de altitude. Plante-a em solo arenoargiloso, acrescido de matéria orgânica e regado quando estiver seco. A reprodução é por sementes, pelas mudas que germinam nas proximidades da planta-mãe ou pela divisão de touceira.

Cenchrus × cupreus 'Rubrum'

Capim-do-Texas-rubro

Família das poáceas (*Gramineae / Poaceae*)

Syn.: *Cenchrus × advena*; *Pennisetum setaceum* 'Rubrum'; *Pennisetum × advena*; *Pennisetum × cupreum*

Elegante e de grande valor ornamental, essa herbácea desenvolve uma densa touceira arqueada formada por colmos – um tipo de caule dividido em entrenós – que nascem diretamente dos rizomas. Suas folhas estreitas e lineare são marrom-acobreadas e, durante boa parte do ano – com maior intensidade no verão e no outono –, ganham a companhia de inflorescências plumosas de até 30 cm de comprimento. Inicialmente elas têm o mesmo tom das folhas, mas, com o passar dos dias, vão ficando róseo-esbranquiçadas. O capim-do-Texas-rubro pode ser cultivado compondo grandes maciços, em canteiros mistos junto com outras espécies de plantas ou como bordadura, sempre sob sol pleno. Em meados do inverno, é recomendável podá-lo em dois terços para renovar a folhagem. Ele mede até 1,5 m de altura e é característico de clima subtropical, tolerante ao calor tropical de altitude. O solo pode ser arenoargiloso, acrescido de matéria orgânica e regado quando estiver seco. A reprodução é por sementes ou divisão de touceira, na primavera.

Dahlia hybrid
Dália

Família das asteráceas (*Compositae / Asteraceae*)

Da mesma família que as margaridas e os crisântemos, a dália dá um espetáculo nos canteiros no verão, período em que despontam suas belas inflorescências. Existem ao todo 41 espécies da planta, todas nativas do México – país do qual a espécie é considerada flor símbolo – e da Guatemala. Porém, graças ao trabalho de hibridizadores, foram criados mais de 57 mil cultivares, com flores que podem medir de 5 cm a mais de 30 cm de diâmetro e se formam nas pontas de longas hastes, acima da folhagem. A dália adora sol pleno e vai bem nos climas subtropical e tropical de altitude. Pode medir de 25 cm a 2,4 m de altura e, no inverno, entra em dormência perdendo toda a parte aérea. Plante-a em solo arenoso, acrescido de matéria orgânica e regado quando estiver seco. A reprodução é por sementes, estaquia ou divisão dos tubérculos.

Dietes bicolor
Moreia-bicolor, moreia

Família das iridáceas (*Iridaceae*)

Syn.: *Iris bicolor*; *Moraea bicolor*

As flores da moreia-bicolor duram apenas um dia, mas despontam sem parar durante a primavera e o verão, garantindo que os canteiros se mantenham sempre floridos. Com cerca de 6 cm de diâmetro, elas são amarelas com manchas marrons e se formam acima da folhagem, nas pontas de longas hastes ramificadas. O sistema foliar da espécie, por sua vez, é composto por longas folhas eretas, estreitas e laminadas, de tom verde-escuro, entouceiradas desde a base. A herbácea mede até 1 m de altura e aprecia sol pleno e solo rico em matéria orgânica mantido úmido. Nativa da África do Sul, é característica de clima subtropical, com grande tolerância ao calor tropical, e reproduz-se por divisão de touceiras.

Dietes grandiflora
Dietes, lírio-quinzenal

Família das iridáceas (*Iridaceae*)

    Assim como as folhas da moreia-bicolor, as folhas da dietes são verde-escuras, estreitas, eretas desde a base, dispostas em forma de leque e formam vigorosas touceiras. Já as flores, que despontam no verão, acima da folhagem, são brancas e medem até 10 cm de diâmetro. Muito usada para compor grandes maciços ou bordar canteiros, a espécie nativa da África do Sul aprecia sol pleno e solo rico em matéria orgânica mantido úmido. Mede até 1 m de altura e pode ser plantada em regiões de clima subtropical ou tropical de altitude. A reprodução é por divisão de touceiras.

Gladiolus hybrids (Grandiflorus Group)

Palma-de-Santa-Rita, gladíolo

Família das iridáceas (*Iridaceae*)

A palma-de-Santa-Rita é outra espécie amplamente hibridada – hoje conta com mais de 10 mil cultivares, com flores nas mais diversas cores, inclusive, algumas mescladas e bicolores. Desenvolvidos a partir de plantas nativas da África do Sul, eles têm folhas longas e estreitas, de até 80 cm de comprimento, que nascem a partir de um curto talo, dispostas em forma de leque. As inflorescências espigadas surgem na primavera e no verão, no alto de hastes de até 1,2 m de altura, e agrupam grandes flores em forma de funil que se abrem de forma sucessiva. O ideal é cultivar a palma-de-Santa-Rita em grupos no centro de canteiros mistos, combinada com outras plantas, sempre sob sol pleno. Ela é característica de clima subtropical, e o solo deve ser rico em matéria orgânica e úmido. A reprodução é por sementes ou divisão dos cormos.

Heliconia angusta 'Orange Christmas'
Falsa-ave-do-paraíso, bananeirinha

Família das heliconiáceas (*Musaceae / Heliconiaceae*)

Em canteiros à meia-sombra ou sob sol pleno, essa herbácea encanta com suas inflorescências vistosas e muito vigorosas, que surgem a partir de meados do verão até o início do inverno. Elas são compostas por entre sete e 11 brácteas em forma de barco, de tom alaranjado com as bordas e as pontas mescladas de amarelo-esverdeado. Essas brácteas, por sua vez, abrigam aglomerados de flores tubulares esbranquiçadas que, quando fecundadas, dão origem a frutos amarelos. A planta mede de 1,3 m a 3,3 m de altura e é nativa da Mata Atlântica da região Sudeste do Brasil, típica de clima tropical quente e úmido, tolerante ao frio de regiões subtropicais onde não ocorrem geadas.

Heliconia rostrata
Bananeira-do-brejo, bananeira-ornamental

Família das heliconiáceas (*Musaceae / Heliconiaceae*)

Syn.: *Bihai poeppigiana; Bihai rostrata; Heliconia poeppigiana*

Não é à toa que a bananeira-do-brejo é considerada uma das mais nobres helicônias: suas inflorescências, de até 40 cm de comprimento, contam com brácteas que se desenvolvem de cabeça para baixo – por isso, não represam água –, de colorido vermelho vivo com as pontas amarelas e as bordas inferiores esverdeadas. As flores tubulares e amarelas ficam dentro dessas brácteas e são muito visitadas por beija-flores. A bananeira-do-brejo pode medir até 3 m de altura, tem folhas vistosas e floresce no verão. Cultive-a sob sol pleno ou à meia-sombra em regiões de clima tropical quente e úmido ou subtropical não sujeito a geadas. A herbácea é originária da região amazônica da Bolívia, Colômbia, Equador e Peru.

Hemerocallis lilioasphodelus

Lírio-amarelo, lírio-de-São-José

Família das xantorreáceas (*Liliaceae* / *Hemerocallidaceae* / *Xanthorrhoeaceae*)

Syn.: *Cameraria lilioasphodelus*; *Hemerocallis flava*; *H. flava* var. *aurantiaca*; *H. lilioasphodelus* f. *aurantiaca*; *H. lilioasphodelus* var. *flavus*; *H. lilioasphodelus* var. *nana*; *H. lutea*

É difícil resistir ao encanto de um canteiro tomado pelas flores amarelas e perfumadas do lírio-amarelo. Grandes e em formato de sino, elas se formam no verão em grupos de 8 a 12 nas pontas de hastes de 1 m de altura, mas duram apenas um dia. As folhas da planta contribuem para o efeito ornamental: nascem dispostas em forma de leque, agrupadas em uma bela touceira de até 80 cm de altura. No inverno, a herbácea entra em dormência e perde parte da folhagem. Nativa da região Sudeste dos Alpes, Nordeste da Albânia, da Sibéria até a Coreia do Sul, ela gosta de sol pleno e tolera bem climas como o subtropical e o tropical de altitude. O solo pode ser rico em matéria orgânica, solto e bem drenado e regado quando estiver seco. A reprodução é por divisão de touceira, no início da primavera.

Hemerocallis × hybrida

Hemerocale, lírio

Família das xantorreáceas (*Liliaceae / Hemerocallidaceae / Xanthorrhoeaceae*)

Com mais de 54.500 cultivares registrados, esse é outro grande grupo de plantas que surgiu graças ao intenso trabalho dos hibridadores. O visual delas é muito parecido com o dos demais hemerocales, mas devido às melhorias genéticas essas espécies florescem por mais tempo – até quatro meses –, têm hastes florais mais rígidas e uma espetacular gama de cores, tamanhos e formas de flores – sem falar nos cultivares de porte anão. Os hemerocales podem ser cultivados em canteiros mistos; formando grandes maciços; e até como bordadura, sempre sob sol pleno. Seu sistema foliar ornamental mantém o jardim bonito mesmo quando a espécie não está florida. Entretanto, no inverno, a planta perde parte das folhas e precisa ser submetida a uma poda de dois terços da touceira, para recuperar o vigor. Muito tolerante ao calor subtropical e até tropical de altitude, gosta de solo rico em matéria orgânica, solto e bem drenado, regado apenas quando estiver seco. A reprodução é por divisão de touceira, no início da primavera.

Neomarica caerulea

Falsa-íris

Família das iridáceas (*Iridaceae*)

Syn.: *Cipura caerulea*; *Cypella caerulea*; *Galathea caerulea*; *G. speciosa*; *Marica caerulea*; *Trimezia caerulea*; *T. caerulea* subsp. *eximia*

É na primavera que a falsa-íris atinge o auge de seu esplendor, com o surgimento de suas flores azul-arroxeadas, de até 8 cm de diâmetro. Elas são o complemento perfeito para a densa folhagem laminar, que costuma formar grandes colônias. Após a florada, do mesmo ponto onde se formou a haste floral, surge uma nova muda da planta. Ideal para compor canteiros mistos ou renques à meia-sombra, a herbácea de até 1 m de altura é nativa da região Sul do Brasil e do Estado de São Paulo, além do Paraguai. É característica de clima subtropical, tolerante ao calor tropical de altitude, e aprecia solo rico em matéria orgânica, bem drenado e regado quando estiver seco. Reproduz-se por divisão da planta ou das mudas que emergem das hastes florais.

CANTEIROS
HERBÁCEAS PARA CANTEIROS

Salvia splendens

Sálvia, sangue-de-Adão

Família das lamiáceas (*Labiatae / Lamiaceae*)

Syn.: *Fenixanthes splendens*; *Jungia splendens*; *Salvia brasiliensis*; *S. colorans*; *S. issanchou*

Vistos a distância, a impressão que se tem é que os canteiros onde cresce a sálvia foram salpicados de vermelho, tal o contraste entre as pequenas flores tubulares da espécie com a folhagem verde-escura. O efeito dura praticamente o ano todo, pois a herbácea floresce quase que ininterruptamente, com maior intensidade nos meses mais quentes. De quebra, as flores que se agrupam em inflorescências longas e espigadas ainda atraem beija-flores e borboletas para o jardim. A sálvia pode ser cultivada isoladamente ou em grupos; como pano de fundo em canteiros mistos; ou na forma de renque ao longo de muros e cercas, sempre sob sol pleno. No inverno, é recomendável fazer uma poda de dois terços para revigorar a planta. Endêmica do Brasil, onde ocorre desde o Estado da Bahia até o Rio Grande do Sul, é característica tanto de clima tropical como subtropical e não resiste a geadas. Atinge 1,5 m de altura e gosta de solo rico em matéria orgânica e mantido úmido. A reprodução é por sementes ou estaquia.

Strelitzia reginae

Ave-do-paraíso, estrelítzia

**Família das estrelitziáceas
(Musaceae / Strelitziaceae)**

Syn.: *Heliconia bihai; H. strelizia; Strelitzia angustifolia; S. cucullata; S. farinosa; S. gigantea; S. glauca; S. humilis; S. ovata; S. parvifolia; S. prolifera; S. pumila; S. regalis; S. reginae* var. *crinita; S. reginae* var. *farinosa; S. reginae* var. *flava; S. reginae* f. *flava; S. reginae* var. *glauca; S. reginae* var. *humilis; S. reginae* f. *humilis; S. reginae* var. *lemoinieri; S. reginae* var. *ovata; S. reginae* subsp. *parvifolia; S. reginae* subsp. *reginae; S. reginae* var. *rutilans; S. rutilans; S. spathulata*

É até difícil decidir o que é mais ornamental na ave-do-paraíso: as folhas laminares e estreitas, de até 50 cm de comprimento, que exibem um belo tom verde-escuro acinzentado e formam um denso e vigoroso tufo entouceirado; ou as inflorescências que despontam nos meses mais quentes – elas são compostas por uma grande bráctea em forma de barco, de colorido azulado, e vistosas inflorescências alaranjadas em forma de flecha. Muito duráveis, as inflorescências despontam no alto de hastes bem compridas e são adoradas pelos beija-flores. A espécie pode ser cultivada isoladamente, na forma de renque ou compondo maciços, sob sol pleno ou à meia-sombra. Mede até 1 m de altura e é originária da África do Sul. No Brasil, vai bem em regiões de clima subtropical e tropical, devendo ser plantada em solo rico em matéria orgânica e mantido úmido. A reprodução se dá por sementes ou divisão de touceira.

Acer palmatum 'Atropurpureum'
Ácer-japonês

Família das sapindáceas (*Aceraceae / Sapindaceae*)

Seja crescendo livremente ou conduzido como arvoreta, o ácer-japonês rouba a cena nos canteiros por conta do colorido de sua folhagem. De formato palmado e compostas por cinco ou sete lobos, as folhas da espécie mesclam vermelho-bronze com cor de vinho. Já as flores pequenas e avermelhadas, que surgem na primavera, são pouco vistosas. Além de enfeitar jardins residenciais, a espécie de até 4 m de altura pode ser cultivada em calçadas sob a rede elétrica, sempre sob sol pleno. Ela é originária do Japão e característica de clima temperado, tolerante ao calor subtropical de altitude. Deve ser plantada em solo rico em matéria orgânica, bem drenado e úmido. A reprodução é por sementes ou alporquia.

Buddleja davidii
Budleia, lilás-da-China

**Família das escrofulariáceas
(Buddlejaceae / Scrophulariaceae)**

Syn.: *Buddleja shimidzuana;
Buddleja striata; Buddleja variabilis*

Ornamental por Natureza, a budleia é um arbusto volumoso, de ramos longos e folhagem densa capaz de deixar qualquer canteiro muito mais bonito. Suas folhas são longas e estreitas, com a face de baixo em tom acinzentado e densamente encobertas por uma finíssima pelugem de textura aveludada. No entanto, quem rouba a cena mesmo são as flores, que despontam na primavera e no verão agrupadas em inflorescências cônicas nas extremidades dos ramos. Dependendo da variedade, elas podem ser lilases, arroxeadas, róseas ou brancas, todas muito perfumadas e intensamente visitadas por borboletas. A budleia vai bem tanto sob sol pleno quanto à meia-sombra e, em regiões de clima muito frio, perde as folhas no inverno. Ela mede até 4 m de altura, e seus ramos podem ter até 5 m de comprimento. Nativo da China, o arbusto só pode ser plantado no Brasil em regiões de clima subtropical de altitude, em solo rico em matéria orgânica e bem drenado. A reprodução é por estaquia.

Camellia japonica
Camélia

Família das teáceas (*Theaceae*)

Syn.: *Camellia bonnardi*; *C. bonnardii*; *C. florida*; *C. hayaoi*;
C. hozanensis; *C. japonica* var. *concava*; *C. japonica* var. *hexapetala*;
C. japonica var. *hortensis*; *C. japonica* subsp. *hortensis*;
C. japonica var. *hozanensis*; *C. japonica* f. *ilicifolia*;
C. japonica var. *japonica*; *C. japonica* f. *lancifolia*;
C. japonica f. *leucantha*; *C. japonica* f. *lilifolia*; *C. japonica* var. *longifolia*;
C. japonica var. *macrocarpa*; *C. japonica* var. *nakaii*;
C. japonica f. *otome*; *C. japonica* f. *parviflora*; *C. japonica* f. *polypetala*;
C. japonica f. *trifida*; *C. kaempferia*; *C. mutabilis*; *C. nakaii*; *C. planipetala*;
C. sylvestris; *C. tsubakki*; *C. tuckiana*; *C. wabiske*; *Kemelia japonica*;
Thea camellia, *T. hozanensis*; *T. japonica*; *T. japonica* var. *hortensis*;
T. japonica var. *spontanea*; *T. nakaii*

Vermelhas, brancas, rosas e até mescladas: são muitas as cores das flores das camélias, algumas com pétalas simples, outras com pétalas dobradas. Elas nascem nas pontas dos ramos da planta em meados do outono e enfeitam o jardim até o final do inverno. As folhas, por sua vez, são verde-escuras e brilhantes, vistosas, com bordas serrilhadas e de consistência rígida. O porte das camélias varia conforme o cultivar e, embora a espécie-tipo, de flores vermelhas, possa chegar aos 10 m, a maioria não passa dos 3 m. Plante-as sob sol pleno ou à meia-sombra, isoladas ou em grupos, tanto em canteiros quanto em vasos. Por ser nativa das montanhas do Japão e da Coreia, onde o clima é temperado quente, no Brasil, a camélia só pode ser cultivada em regiões subtropicais, em solo arenoargiloso acrescido de matéria orgânica e com pH ácido – em torno de 6 ou 6,5. A reprodução é por alporquia ou estaquia.

Codiaeum variegatum

Cróton, louro-variegado

Família das euforbiáceas (*Euphorbiaceae*)

Syn.: *Codiaeum chrysosticton*; *Croton variegatus*; *Crozophyla variegata*; *Oxydectes variegata*; *Phyllaurea variegata*
Entre espécies, var., subsp. e f. existem ainda mais 122 sinonímias

Os crótons são a cara dos jardins tropicais e têm folhas que mais parecem obras de arte – são encontradas em uma boa variedade de formas, cores e tamanhos. Versáteis, eles podem aparecer em canteiros misturados com outras plantas, formar renques ao longo de muros e até ser plantados em vasos, sempre sob sol pleno. Com porte máximo de 3 m de altura, são nativos de várias regiões tropicais, como o sul da Índia, a Malásia e as ilhas do Pacífico, e não toleram o frio. Devem ser cultivados em solo rico em matéria orgânica bem drenado e mantido úmido. A reprodução pode ser por estaquia ou alporquia.

Cordyline fruticosa
Coqueiro-de-Vênus, cordiline

Família das asparagáceas (*Agavaceae / Asparagaceae*)

Syn.: *Asparagus terminalis*; *Calodracon jacquinii*; *Convallaria fruticosa*; *Cordyline ferrea*; *C. jacquinii*; *C. terminalis*; *Dracaena ferrea*; *Taetsia terminalis*; *T. fruticosa*; *Terminalis fruticosa*
Entre espécies e var. existem ainda mais 90 sinonímias

Com folhas longas e estreitas, esse é outro arbusto indispensável em jardins tropicais, e suas folhas podem exibir cores bem diversas conforme o cultivar – a variação nos tons vai do verde, na espécie-tipo, ao rubro, quase negro, passando pelo vermelho-bronze. Existem até plantas multicoloridas ou mescladas. As inflorescências, por sua vez, são pouco vistosas, ramificadas e compostas de pequenas flores ligeiramente perfumadas, que geram diminutos frutos esféricos. Com cerca de 3 m de altura e crescimento lento, a cordiline costuma ser plantada em grupos nos canteiros ou usada na formação de renques sob sol pleno ou à meia-sombra. Ela é nativa da Índia, Malásia e Polinésia, e típica de clima tropical, tolerante ao frio subtropical de baixa altitude ou litorâneo. O solo pode ser arenoargiloso acrescido de matéria orgânica e mantido úmido, e a reprodução é por sementes ou estaquia.

Grevillea banksii
Grevílea-anã, grevílea-escarlate

Família das proteáceas (*Proteaceae*)

Syn.: *Grevillea forsteri*

Os beija-flores adoram as flores da grevílea e são presença constante no jardim, uma vez que a espécie floresce durante boa parte do ano, com maior intensidade no final do inverno e durante a primavera. Elas se agrupam em inflorescências em forma de cacho de até 12 cm de comprimento e são de um impressionante colorido vermelho-intenso. As folhas, por sua vez, são compostas por de quatro a 12 lobos bem definidos. A face superior delas é verde-acinzentada, e a inferior, acinzentada. A espécie de até 6 m de altura pode ser cultivada isoladamente ou em grupos, sempre sob sol pleno. Nativa da Austrália e característica de clima subtropical, também tolera o calor tropical de altitude. Plante-a em solo rico em matéria orgânica. A reprodução é por sementes.

Ixora coccinea
Ixora, ixora-coral

Família das rubiáceas (*Rubiaceae*)

Syn.: *Pavetta coccinea*

A ixora é daquelas plantas capazes de alegrar qualquer jardim com suas inflorescências vermelho-alaranjadas, que nascem nas pontas dos ramos na primavera e no verão. Grandes e globosas, elas são compostas de inúmeras flores com quatro pétalas e permanecem bonitas por um bom tempo, atraindo beija-flores e borboletas. Normalmente, a espécie é cultivada em canteiros amplos ou formando renques sob sol pleno. Ela pode medir até 2,5 m de altura, é nativa da Índia Oriental até a Indochina e típica de clima tropical, tolerante ao frio subtropical de baixa altitude ou litorâneo, onde não ocorrem geadas. Cultive-a em solo rico em matéria orgânica, bem drenado e úmido. A reprodução é por estaquia.

Ixora coccinea 'Compacta'

Mini-ixora, ixora-compacta

Família das rubiáceas (*Rubiaceae*)

Apesar do nome similar, esse arbusto tem algumas características bem diferentes das vistas na *Ixora coccinea*: não passa dos 80 cm de altura, floresce praticamente o ano todo e suas flores vermelho-alaranjadas têm formato estrelado. Nos canteiros, ele pode ser cultivado em conjuntos na forma de forração ou como bordadura, sempre sob sol pleno. Nativa da Malásia, a espécie é típica de clima tropical quente, não suporta o frio, mas é muito tolerante a regiões litorâneas. Aprecia solo rico em matéria orgânica e mantido úmido, e a reprodução é por estaquia.

Justicia brandegeeana
Camarão-vermelho, camarão

Família das acantáceas (*Acanthaceae*)

Syn.: *Beloperone guttata*; *Calliaspidia guttata*; *Drejerella guttata*

Florido quase o ano todo, o camarão-vermelho proporciona um grande impacto nos canteiros com suas inflorescências espigadas e vermelho-amarronzadas. As responsáveis pelo colorido são as brácteas da espécie, que envolvem as verdadeiras flores – estas últimas pequenas, brancas e muito visitadas por beija-flores e borboletas. A planta pode formar grandes maciços sob sol pleno, bordar caminhos e até compor renques ao longo de muros e cercas. Mede até 1 m de altura e, por ser nativa do México, vai bem em áreas de clima tropical – mas também tolera o frio subtropical de baixa altitude. O solo deve ser rico em matéria orgânica, bem drenado e mantido úmido, e a reprodução é por sementes ou estaquia.

Lantana camara

Lantana, cambará-de-jardim

Família das verbenáceas (*Verbenaceae*)

Syn.: *Camara vulgaris*

Amplamente cultivada em todo o mundo, a lantana conta com dezenas de cultivares e, por isso, pode ser encontrada com flores em uma boa variedade de tons: brancas, amarelas, mescladas de vermelho e amarelo, róseo-lilás com amarelo ou tricolores. Suas inflorescências globosas são compostas por pequenas flores que nascem aglomeradas nas pontas dos ramos praticamente o ano todo, para alegria das borboletas. As folhas, por sua vez, são ásperas e urticantes. O porte da lantana varia bastante conforme o cultivar: enquanto algumas não passam dos 50 cm de altura e são ideais para compor maciços na forma de forração ou bordaduras de canteiros e caminhos, outras podem chegar aos 2 m de altura e render belos renques. Os frutinhos, que lembram amoras, são tóxicos. Originária do México ao norte do Brasil, a espécie é típica de clima tropical, tolerante ao frio subtropical de baixa altitude, e aprecia solo rico em matéria orgânica, bem drenado e úmido. A reprodução é por sementes ou estaquia.

Lavandula dentata

Alfazema, lavanda-francesa

Família das lamiáceas (*Labiatae / Lamiaceae*)

Syn.: *Stoechas dentata*

Cultivada entre pedras ou formando maciços nos canteiros, sempre sob sol pleno, a lavanda deixa o jardim mais bonito com suas inflorescências lilás e ainda perfuma o ambiente com o delicioso aroma de suas folhas acinzentadas, de bordas denteadas. A espécie floresce na primavera e no verão e, no inverno, deve ser podada em dois terços, para recuperar o vigor. Nativo da França ao sul da Espanha, na região mediterrânea, o arbusto é típico de clima subtropical frio e árido. Plante-o em solo arenoso, acrescido de matéria orgânica e regado apenas quando estiver seco. A reprodução é por estaquia.

Loropetalum chinense var. *rubrum* 'Ruby'

Hamamélis-rubra

Família das hamamelidáceas (*Hamamelidaceae*)

Seja cultivada como planta isolada, para ganhar destaque nos canteiros, ou em conjunto, formando grandes maciços, a hamamélis-rubra merece um lugarzinho no seu jardim. Vigorosa, ela tem folhagem densa e muito ornamental, de um belíssimo tom rubro-escuro e coberta por uma fina pelugem. As flores, compostas por filamentos rosa intenso, surgem no final do inverno e no início da primavera. O arbusto deve ser cultivado sob sol pleno e, por ser muito tolerante a podas, pode inclusive ser mantido topiado. De crescimento lento, mede até 3 m de altura e é nativo da China e do Japão. No Brasil, seu cultivo se restringe às regiões de clima subtropical e tropical de altitude. Plante-o em solo arenoargiloso e ácido – com pH em torno de 5,5 –, acrescido de matéria orgânica e úmido. A reprodução é por sementes ou estaquia.

Lycianthes rantonnei
Árvore-batata-azul

Família das solanáceas (*Solanaceae*)

Syn.: *Solanum corniculatum*; *S. muticum*; *S. rantonnetii*; *S. urbanum*

Se você procura uma planta pouco comum para colorir canteiros sob sol pleno, aposte na árvore-batata-azul. Com flores de pétalas roxo-escuro e miolo amarelo, ela dá um espetáculo no jardim durante o verão e o outono, épocas de sua florada. A espécie de até 2 m de altura pode ser cultivada isolada, em grupos, formando renques e até ser conduzida como arvoreta. Ela é nativa da Argentina, Paraguai e sul do Brasil, e, embora seja típica de clima subtropical frio, também tolera o calor tropical de altitude ou serrano. O solo deve ser rico em matéria orgânica, bem drenado e mantido úmido. A reprodução é por estaquia.

Mussaenda 'Doña Alicia'
Mussaenda-rosa

Família das rubiáceas (*Rubiaceae*)

Essa mussaenda híbrida escolhe o verão e o outono para se encher de flores e deixar os canteiros muito mais bonitos. Seu principal atrativo são as sépalas grandes e rosadas, que envolvem pequenas flores amarelas e contrastam com as folhas verde-claras com nervuras sulcadas. A espécie de até 3 m de altura pode ser cultivada isolada, em grupos e até formar renques sob sol pleno. Típica de clima tropical, ela não tolera o frio subtropical e deve ser cultivada em solo rico em matéria orgânica e mantido úmido. A reprodução é por estaquia.

Pachystachys lutea
Camarão-amarelo, planta-camarão

Família das acantáceas (*Acanthaceae*)

Syn.: *Justicia lutea*

Não é à toa que o camarão-amarelo faz sucesso nos canteiros: além de colorir o jardim durante a primavera e o verão – épocas de sua florada –, ele ainda atrai muitos beija-flores. Suas inflorescências espigadas despontam nas pontas dos ramos, bem acima da folhagem verde-escura, e pintam a paisagem com as brácteas amarelas que envolvem pequenas flores brancas. O camarão-amarelo vai bem sob sol pleno e à meia-sombra e pode medir até 1,2 m de altura. Ele é nativo do Peru, típico de clima tropical, e tolerante ao frio subtropical de baixa altitude, onde não ocorrem geadas. O solo deve ser rico em matéria orgânica e mantido úmido. Já a reprodução é por estaquia.

Pentas lanceolata

Estrela-do-Egito, pentas

Família das rubiáceas (*Rubiaceae*)

Syn.: *Manettia lanceolata; Mussaenda aegyptiaca; M. lanceolata; M. luteola; Neurocarpaea lanceolata; Ophiorrhiza lanceolata; Pentanisia suffruticosa; Pentas ainsworthii; P. klotzschii; P. lanceolata* subsp. *lanceolata; P. lanceolata* var. *lanceolata; P. lanceolata* var. *membranacea; P. lanceolata* f. *velutina; P. schweinfurthii; Pseudomussaenda lanceolata; Psychotria arabica; Sipanea carnea; Vignaldia luteola*

A estrela-do-Egito é daquelas plantas que florescem o ano inteiro e não dependem de companhia para manter os canteiros sempre bonitos. Suas folhas de até 9 cm de comprimento são verde-escuras com as nervuras bem destacadas e encobertas por um fino tomento. Já as inflorescências globosas, de até 9 cm de diâmetro, são compostas por pequenas flores vermelhas e estreladas – cada uma conta com cinco pétalas – e se formam nas extremidades dos caules, acima da folhagem. Conforme o cultivar, podem ser vermelhas, róseas ou brancas e atraem muitas borboletas para o jardim. Cultive o arbusto sob sol pleno, em solo rico em matéria orgânica, bem drenado e mantido úmido, e a cada dois anos pode dois terços dele para que a planta recupere o vigor. A estrela-do-Egito mede até 1 m de altura, é originária da Etiópia até Moçambique e Península Arábica, e típica de clima tropical, tolerante ao frio subtropical de baixa altitude ou litorâneo. A reprodução é por sementes, estaquia ou divisão da planta.

Philadelphus coronarius
Filadelfo

Família das hidrangeáceas (*Hydrangeaceae*)

Syn.: *Philadelphus caucasicus; P. deyrolleanus; P. kochianus; P. pallidus; P. zeyheri; Syringa alba*

Para ter um canteiro com perfume similar ao das laranjeiras, basta plantar o filadelfo. As flores brancas da espécie tomam conta da copa da planta de meados da primavera até o início do verão e ainda atraem borboletas. As folhas verde-claras, por sua vez, têm formato lanceolado e bordas serrilhadas. O arbusto é muito resistente às secas e pode ser cultivado isoladamente ou em grupos sob sol pleno ou à meia-sombra. Mede até 2,5 m de altura, é nativo do sul da Europa e, por aqui, só vai bem nas regiões de clima subtropical serrano. O solo deve ser arenoargiloso acrescido de matéria orgânica. Já a reprodução é por sementes ou estaquia.

Philodendron bipinnatifidum

Imbé, banana-de-macaco

Família das aráceas (*Araceae*)

Syn.: *Arum pinnatifidum; Philodendron pygmaeum; P. selloum; Sphincterostigma bipinnatifidum*

Escultural por Natureza, o arbusto tem na folhagem seu grande atrativo ornamental. Com cerca de 1 m de comprimento, suas folhas verdes brilhantes e profundamente recortadas chamam a atenção de longe e encobrem os caules entouceirados da planta. O imbé pode ser cultivado isoladamente ou em grupos, principalmente em meio a taludes, sob sol pleno ou à meia-sombra. Com até 2 m de altura, é nativo do Brasil e característico de clima tropical, tolerante ao frio subtropical. Cultive-o em solo arenoargiloso acrescido de matéria orgânica e mantido úmido. A reprodução é por sementes ou brotações da planta-mãe.

Rosa hybrid

Roseira-grandiflora, roseira-arbustiva, rosa

Família das rosáceas (*Rosaceae*)

Desenvolvidas a partir de complexos cruzamentos entre rosas dos grupos 'Floribunda' e 'Grandiflora', essas roseiras híbridas são vigorosas e muito floríferas. São, portanto, uma ótima pedida para enfeitar os canteiros, tanto cultivadas como plantas isoladas quanto em grupo. Suas flores – que podem ser ou não perfumadas – exibem uma variedade enorme de cores e formas, e o período em que elas despontam varia muito conforme o cultivar. Uma coisa, no entanto, todas têm em comum: a necessidade de podas – deve-se cortar dois terços da planta – em meados do inverno para incentivar novas ramificações e, consequentemente, o surgimento de mais flores. As roseiras são arbustos espinhentos e muito ramificados de até 2 m de altura. Originalmente elas são típicas de clima temperado, mas já foram desenvolvidos cultivares tolerantes ao calor subtropical e até ao tropical de altitude. O solo deve ser rico em matéria orgânica, e a reprodução é por enxertia.

Santolina chamaecyparissus

Santolina, lavanda-algodão

Família das asteráceas (*Compositae / Asteraceae*)

Syn.: *Abrotanum foemina*; *Santolina chamaecyparissus* subsp. *chamaecyparissus*;
S. chamaecyparissus var. *chamaecyparissus*;
S. chamaecyparissus f. *chamaecyparissus*; *S. marchii*

Assim como a maior parte das plantas, a santolina fica muito mais bonita quando se enche de flores, no verão. Mas ela não depende apenas das inflorescências amarelas para embelezar e perfumar o jardim: suas folhas longas, acinzentadas, cobertas por uma fina pelugem e com bordas profundamente denteadas também são muito ornamentais – e fonte de um óleo essencial muito usado pela indústria de perfume. A santolina pode ser cultivada em canteiros como planta isolada ou em grupo, e até formar bordaduras. Também se adapta bem a jardins de pedras, sempre sob sol pleno. Originária da região mediterrânea, é típica de clima subtropical árido e mede até 60 cm de altura. O solo pode ser arenoso acrescido de matéria orgânica e a reprodução é por sementes ou estaquia.

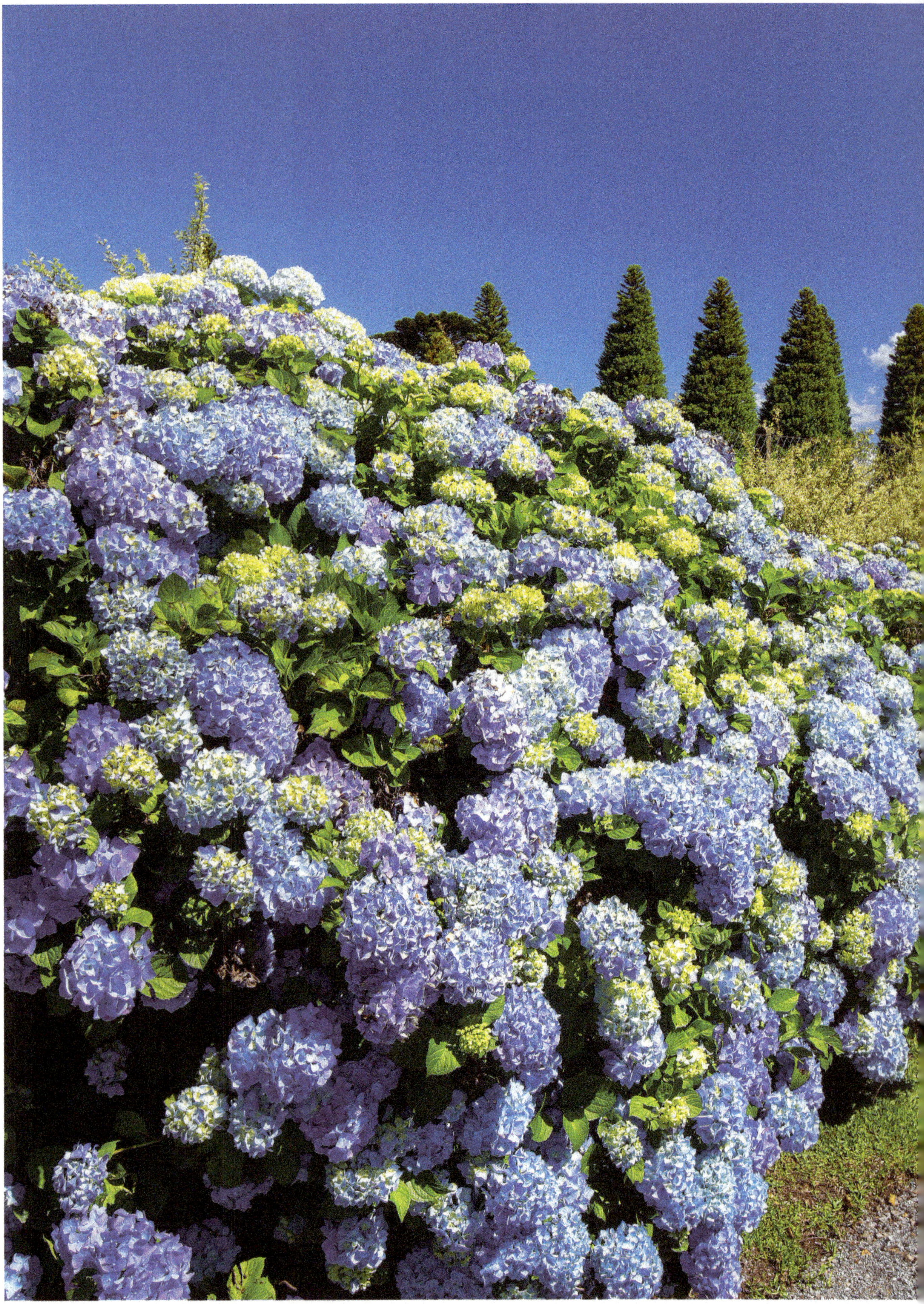

Cercas Vivas

Essenciais para delimitar espaços no jardim e no terreno como um todo, as cercas vivas podem ter visual bem diverso, e a escolha das árvores e arbustos usados para formá-las está diretamente ligada à função que a estrutura vai desempenhar: garantir a segurança, dar privacidade, esconder elementos pouco atrativos e até barrar ventos e ruído.

Plantas espinhentas são ótimas para cercas vivas defensivas, enquanto as de folhas miúdas e ramagem densa rendem belas barreiras topiadas. Há também as que ficam lindas quando deixadas crescer livremente e as que enchem o jardim de flores – com o bônus de, muitas vezes, atraírem beija-flores, borboletas e passarinhos.

Abelia × grandiflora
Abélia, abélia-da-China

Família das caprifoliáceas (*Caprifoliaceae*)

Muito tolerante a podas, esse arbusto híbrido é usado principalmente na formação de cercas vivas e renques retilíneos, embora também possa aparecer em canteiros, normalmente topiado em forma de bola. Desenvolvido a partir do cruzamento das espécies *Abelia chinensis* e *Abelia uniflora*, ele floresce do verão até o início do inverno e suas flores são pequenas, róseo-esbranquiçadas e ligeiramente perfumadas. Quando deixada crescer livremente, a abélia pode atingir os 3 m de altura. Ela é nativa de uma região da China onde o clima é temperado e, no Brasil, só pode ser cultivada em áreas subtropicais. O solo deve ser rico em matéria orgânica, e a reprodução é por estaquia.

Abelia × grandiflora 'Compacta'

Abélia-compacta, abélia-brilhante

Família das caprifoliáceas (*Caprifoliaceae*)

    Desenvolvido a partir da *Abelia × grandiflora*, esse arbusto tem as mesmas características da abélia, porém porte menor e sistema foliar mais denso. Suas folhas são vistosas e pequenas e exibem um tom verde-escuro brilhante durante a maior parte do ano – a exceção é o inverno, quando elas ficam marrom-bronzeadas. As flores, por sua vez, despontam sucessivamente por um longo período, entre a primavera e o outono. Com porte que varia entre 0,9 m e 1,2 m, a abélia-compacta é ideal para compor renques ou pequenas cercas vivas, mas também pode ser cultivada isolada ou em canteiros mistos. Embora possa ser deixada crescer livremente, seu potencial paisagístico é mais bem explorado quando topiada. Plante-a em regiões de clima subtropical, preferencialmente sob sol pleno, em solo ácido – com pH por volta de 5,4 – acrescido de matéria orgânica, bem drenado e mantido úmido. A reprodução é por estaquia.

Acalypha wilkesiana 'Macrophylla'

Acálifa

Família das euforbiáceas (*Euphorbiaceae*)

Se a ideia é pincelar cor na folhagem da cerca viva, experimente cultivar essa variedade de acálifa. Não bastasse exibir um belo colorido vermelho amarronzado, com manchas mais claras, em tom vermelho-bronze, suas folhas ainda são maiores que as das demais acálifas. De tão vistosas, fazem as inflorescências longas, finas e espigadas passarem quase que despercebidas. O arbusto, que vai bem sob sol pleno ou à meia-sombra, pode atingir os 2 m de altura e é nativo das ilhas do Pacífico. Aprecia o clima tropical e tolera os subtropical de baixa altitude e litorâneo, em regiões não sujeitas a geadas. O solo deve ser rico em matéria orgânica e mantido úmido, e a reprodução é por estaquia.

Acalypha wilkesiana 'Marginata'
Acálifa

Família das euforbiáceas (*Euphorbiaceae*)

Embora menores que as da *Acalypha wilkesiana* 'Macrophylla', as folhas continuam sendo o principal atrativo dessa acálifa: elas mesclam tons de verde e vermelho-acobreado e têm as bordas serrilhadas em um tom vermelho-claro. Também formam um sistema foliar mais denso. As flores, por sua vez, são insignificantes. O arbusto é muito usado para formar cercas vivas e até renques ao longo de cercas e alambrados, tanto sob sol pleno quanto à meia-sombra, e pode atingir até 2,5 m de altura. Nativo das ilhas do Pacífico, é típico de clima tropical, tolerante ao frio subtropical de baixa altitude ou litorâneo, onde não ocorrem geadas. O solo deve ser rico em matéria orgânica e mantido úmido. A reprodução é por estaquia.

Allamanda polyantha

Alamanda-ereta, alamanda-de-cerca

Família das apocináceas (*Apocynaceae*)

As flores grandes e amarelas que despontam quase o ano todo – mas com maior intensidade na primavera – fazem da alamanda-de-cerca uma planta ideal para quem quer uma cerca viva sempre vistosa. Seus usos no jardim, no entanto, vão muito além da delimitação do terreno: ela pode formar belos renques ao longo de cercas e muros, maciços e até bordar caminhos, desde que mantida podada. Quando deixada crescer livremente, pode chegar aos 2 m de altura. A espécie é endêmica do Brasil, mais precisamente dos estados de Minas Gerais e Espírito Santo, na região Sudeste, e característica de clima tropical quente, tolerante ao frio subtropical de baixa altitude, onde não ocorrem geadas. Deve ser cultivada sob sol pleno, em solo arenoargiloso acrescido de matéria orgânica. Reproduz-se por sementes ou estaquia.

Aphelandra sinclairiana
Afelandra-coral

Família das acantáceas (*Acanthaceae*)

As inflorescências vistosas desse arbusto despontam do final do inverno até o verão e dão um charme todo especial às cercas vivas. Espigadas e repletas de brácteas salmão, elas se formam nas pontas dos ramos e são irresistíveis para os beija-flores, que fazem a festa no jardim. Nas outras estações, a beleza das barreiras vegetais fica por conta da folhagem longa, verde brilhante e cheia de sulcos. A alfendra-coral é nativa da América Central e mede até 3 m de altura. Como ela não tolera o frio, só pode ser cultivada em regiões de clima tropical, em solo rico em matéria orgânica e mantido úmido, sempre sob sol pleno. A reprodução é por estaquia.

Bambusa multiplex

Bambu-multiplex, bambu-folha-de-samambaia

Família das poáceas (*Gramineae* / Poaceae)

Syn.: *Arundarbor multiplex; A. nana; Arundinaria glaucescens; Arundo multiplex; Bambusa albifolia; B. alphonse-karrii; B. caesia; B. dolichomerithalla; B. floribunda; B. glauca; B. glaucescens; B. liukiuensis; B. nana; B. pubivaginata; B. shimadae; B. sterilis; B. strigosa; Ischurochloa floribunda; Leleba amakusensis; L. dolichomerithalla; L. elegans; L. floribunda; L. liukiuensis; L. multiplex; L. shimadae; Ludolfia glaucescens; Triglossum arundinaceum*

Por conta da estrutura de sua densa ramagem, que brota lateralmente dos caules finos, e pelo vigoroso sistema foliar, composto de pequenas folhas lineares verde-escuras na parte de cima e verde-azuladas na face de baixo, o bambu-multiplex rende belíssimas cercas vivas sob sol pleno. Pode, inclusive, ser topiado. A espécie nativa do Vietnã mede até 4 m de altura, é entouceirada e perenifólia. Típica de clima tropical, tolera bem o frio subtropical e gosta de solo rico em matéria orgânica e úmido. A reprodução é por divisão de touceira.

Berberis thunbergii var. *atropurpurea*

Bérbere-japonês

Família das berberidáceas (*Berberidaceae*)

Com seu belo tom vermelho-bronze e púrpuro, o bérbere-japonês chama a atenção de longe em qualquer época do ano. Mas o visual fica ainda mais interessante no outono, quando a folhagem da planta adquire um colorido carmim muito vivo antes de cair, no inverno. Na primavera, surgem flores amarelas junto com a nova folhagem e, no outono, maturam pequenos frutinhos vermelhos, muito vistosos e tóxicos. Por ser muito espinhenta e medir até 2 m de altura, a espécie é ideal para a formação de cercas vivas defensivas. Mantenha-a sob sol pleno e em solo rico em matéria orgânica e úmido. Como o arbusto é nativo do Japão, onde o clima é temperado, no Brasil, só pode ser cultivado em áreas de clima subtropical serrano. Reproduz-se por sementes ou estaquia.

Buxus sempervirens

Buxinho, buxo

Família das buxáceas (*Buxaceae*)

Syn.: *Buxus angustifolia*; *B. arborescens*; *B. argentea*; *B. aurea*; *B. caucasica*; *B. colchica*; *B. crispa*; *B. cucullata*; *B. elegantissima*; *B. fruticosa*; *B. handsworthii*; *B. macrophylla*; *B. marginata*; *B. mucronata*; *B. myrtifolia*; *B. rosmarinifolia*; *B. salicifolia*; *B. sempervirens* var. *angustifolia*; *B. sempervirens* var. *arborescens*; *B. sempervirens* var. *grandifolia*; *B. sempervirens* var. *myrtifolia*; *B. sempervirens* var. *rosmarinifolium*; *B. sempervirens* var. *rotundifolia*; *B. sempervirens* var. *suffruticosa*; *B. suffruticosa*; *B. tenuifolia*; *B. variegata*; *B. vulgaris*

Uma das plantas mais usadas em topiaria em todo o mundo, o buxinho forma belas cercas vivas e renques retilíneos – embora seu uso mais comum seja topiado em forma de bola ou como bordadura de canteiros e caminhos. Sua densa ramagem é coberta por pequenas folhas e, embora a planta tenha crescimento bem lento, pode medir até 5 m de altura. Ela é nativa da Europa, norte da África e da Ásia Menor, mas se adapta bem ao cultivo em regiões de clima subtropical, desde que mantida sob sol pleno, em solo arenoargiloso acrescido de matéria orgânica. A reprodução é por estaquia.

Caesalpinia pulcherrima

Flamboiãzinho, barba-de-barata

Família das fabáceas (*Leguminosae / Fabaceae*)

Syn.: *Poinciana bijuga; P. elata; P. pulcherrima*

O flamboiãzinho é garantia de cercas vivas e renques repletos de flores vermelho-alaranjadas durante a primavera e o verão – com o bônus de elas serem muito visitadas por borboletas e por beija-flores. Ele mede até 4 m de altura e pode ou não ser dotado de espinhos. Nativo das Antilhas e da América tropical, também se adapta ao cultivo em regiões subtropicais de baixa altitude, desde que não ocorram geadas. Aprecia sol pleno e solo arenoargiloso acrescido de matéria orgânica, e a reprodução é por sementes.

Calliandra brevipes

Esponjinha, quebra-foice

Família das fabáceas (*Leguminosae / Fabaceae*)

Syn.: *Acacia selloi*; *Anneslia brevipes*; *Calliandra selloi*; *C. yucunensis*; *Feuilleea brevipes*

A esponjinha esbanja versatilidade e, quando cultivada como cerca viva, pode tanto ser deixada crescer livremente, até atingir seu porte máximo de até 3 m de altura, quanto ser podada de forma retilínea, para ficar com o desenho mais definido. A escolha, no entanto, tem um preço: somente quando deixados crescer livremente é que os ramos do arbusto se enchem de flores cor-de-rosa e em forma de pompom na primavera e no verão – as podas constantes inibem a floração. Nativa do sul do Brasil, a espécie é característica de clima subtropical e deve ser plantada sob sol pleno, em solo arenoargiloso acrescido de matéria orgânica. A reprodução é por sementes ou estaquia.

Carissa macrocarpa

Ameixeira, ameixa-de-Natal

Família das apocináceas (*Apocynaceae*)

Syn.: *Arduina grandiflora*; *A. macrocarpa*; *Carissa africana*; *C. carandas*; *C. grandiflora*; *C. praetermissa*; *Jasminonerium africanum*; *J. grandiflorum*; *J. macrocarpum*

A vantagem de se usar a ameixeira-de-Natal na formação de cercas vivas defensivas é que, além de curtir a bela florada da espécie, que dura praticamente o ano todo, ainda dá para se deliciar com os frutos saborosos, que maturam no verão. Com porte máximo de 4 m de altura, a espécie é muito espinhenta e tem flores brancas, em forma de estrela, com o tubo longo e muito perfumadas. Já os frutos vermelhos, de até 5 cm de comprimento, são suculentos, acidulados e levemente adocicados. Podem ser consumidos *in natura* ou na forma de geleias, sucos e sorvetes, e são muito apreciados pelos passarinhos. O arbusto perenifólio vai bem tanto sob sol pleno quanto à meia-sombra. Nativo da África do Sul, é típico de clima subtropical e gosta de solo rico em matéria orgânica e úmido. A reprodução é por sementes ou estaquia.

Clusia fluminensis
Clúsia

**Família das clusiáceas
(*Guttiferae / Clusiaceae*)**

Rígidas e de formato espatulado, as folhas verdes brilhantes são o grande atrativo desse arbusto muito usado na formação de cercas vivas, mas que também pode ser cultivado em vasos, sempre sob sol pleno. Elas formam uma folhagem tão densa e vistosa que as flores que despontam na primavera e no verão são incapazes de fazer frente à sua beleza. Por conta de seu porte avantajado – pode chegar aos 6 m de altura –, a clúsia geralmente é mantida podada. Ela é nativa das restingas da região Sudeste do Brasil e típica de clima tropical quente e úmido. O solo pode ser arenoargiloso acrescido de matéria orgânica, e a reprodução é por sementes ou estaquia.

Clusia fluminensis 'Variegata'
Clúsia-variegada

Família das clusiáceas (*Guttiferae* / *Clusiaceae*)

    Ao que tudo indica, essa clúsia é resultado de uma mutação genética. Lançada recentemente no mercado, ela tem folhas com manchas amareladas e aspecto dourado que conferem à planta um efeito muito ornamental. No mais, apresenta as mesmas características da clúsia comum. A multiplicação é por estaquia ou alporquia.

Combretum constrictum
Escova-de-macaco-arbustiva

Família das combretáceas (*Combretaceae*)

Syn.: *Combretum bussei*; *Combretum infundibuliforme*; *Poivrea constricta*

Se a ideia é ter uma cerca viva que fuja do lugar-comum, esse arbusto é uma ótima pedida. Vigoroso, ele se pinta todo de vermelho na primavera e no verão, épocas em que despontam nas pontas dos ramos suas inflorescências grandes, globosas e compostas de inúmeras flores de cálice estrelado. Os beija-flores e as borboletas adoram. Nativa da África, a escova-de-macaco arbustiva pode chegar aos 6 m de altura e é típica de clima tropical, mas também tolera o frio subtropical de baixa altitude. Aprecia solo arenoargiloso acrescido de matéria orgânica e reproduz-se por sementes ou estaquia.

Cupressus lusitanica

Cedrinho, cipreste

Família das cupressáceas (*Cupressaceae*)

Syn.: *Callitropsis lusitanica*; *Cupressus benthamii* var. *lindleyi*; *C. coulteri*; *C. excelsa*; *C. glauca*; *C. glauca* var. *tristis*; *C. karwinskiana*; *C. lindleyi*; *C. lindleyi* var. *hondurensis*; *C. lindleyi* subsp. *hondurensis*; *C. lusitanica* var. *chlorocarpa*; *C. lusitanica* var. *communis*; *C. lusitanica* var. *epruinosa*; *C. lusitanica* subsp. *genuina*; *C. lusitanica* var. *glauca*; *C. lusitanica* var. *hondurensis*; *C. lusitanica* var. *lindleyi*; *C. lusitanica* var. *lusitanica*; *C. lusitanica* subsp. *mexicana*; *C. lusitanica* var. *skinneri*; *C. lusitanica* var. *tristis*; *C. lusitanica* var. *uhdeana*; *C. lusitanica* f. *vulgaris*; *C. mexicana*; *C. pendula*; *C. sinensis*; *C. thurifera*; *C. uhdeana*; *Hesperocyparis lindleyi*; *H. lindleyi* subsp. *hondurensis*; *H. lusitanica*; *Juniperus uhdeana*; *J. uhdeana*; *Neocupressus lusitanica* var. *lindleyi*

O cedrinho é uma das plantas mais usadas na formação de cercas vivas com o objetivo de barrar os ventos. Sua copa piramidal conta com uma ramagem bem densa, que cresce de forma horizontal, e quando plantados lado a lado e podados os exemplares da conífera acabam formando uma barreira muito eficiente.

Apesar do *lusitanica* no nome científico, a espécie não é nativa de Portugal, e sim da região que vai do México até a Costa Rica. Ela pode atingir até 20 m de altura, é característica de clima tropical e tolerante ao frio subtropical. Muito rústica, pode ser cultivada em solo arenoargiloso e reproduz-se por sementes.

Dracaena fragrans

Coqueiro-de-Vênus, pau-d'água

Família das asparagáceas (*Agavaceae / Asparagaceae*)

Syn.: *Aletris fragrans*; *Aloe fragrantissima*; *Cordyline fragrans*; *Dracaena albanensis*; *D. aureolus*; *D. broomfieldii*; *D. broomfieldii* var. *superba*; *D. butayei*; *D. deisteliana*; *D. deremensis*; *D. ensifolia* var. *greigii*; *D. janssensii*; *D. latifolia* f. *rothiana*; *D. lindenii*; *D. massangeana*; *D. smithii*; *D. steudneri* var. *kilimandscharica*; *D. ugandensis*; *D. victoria*; *Draco fragrans*; *Pleomele deremensis*; *P. fragrans*; *P. smithii*; *P. ugandensis*; *Sansevieria fragrans*

Com folhas longas, de até 60 cm de comprimento, estreitas e verde-escuras, o coqueiro-de-Vênus é um arbusto muito usado na formação de renques e cercas vivas. Sua folhagem nasce diretamente a partir do caule e é o grande atrativo ornamental da espécie, uma vez que as inflorescências longas e pendentes, compostas por pequenas flores perfumadas, despontam apenas no alto dos ramos, bem longe do alcance dos olhares de quem passeia pelo jardim. Nativo da África, ele é típico de clima tropical, tolerante ao frio subtropical de baixa altitude, e vai bem tanto sob sol pleno quanto à meia-sombra. O solo pode ser arenoargiloso acrescido de matéria orgânica e mantido úmido, e a reprodução é por segmentos do caule à forma de estaquia.

Dracaena fragrans 'Massangeana'

Coqueiro-de-Vênus, pau-d'água

Família das asparagáceas (*Agavaceae / Asparagaceae*)

Irmão da *Dracaena fragrans*, esse arbusto muito usado em cercas vivas tem as folhas ligeiramente mais curtas – medem apenas 40 cm de comprimento. Só que isso não quer dizer que ele chame menos a atenção no paisagismo, uma vez que suas folhas exibem vistosas estrias amareladas que provocam um efeito incrível no jardim. Os cuidados para o plantio e o cultivo são os mesmos, bem como a forma de reprodução.

Duranta erecta 'Aurea'

Pingo-de-ouro, violeteira-dourada

Família das verbenáceas (*Verbenaceae*)

Embora o uso mais comum do pingo-de-ouro no paisagismo seja topiado, bordando canteiros e caminhos, ele também pode render cercas vivas muito vistosas. Desenvolvida a partir de melhoramentos genéticos e cruzamentos, a planta de folhas amareladas pode medir até 2 m de altura e, durante a primavera e o verão, produz pequenas flores arroxeadas, que se formam nas pontas dos ramos e são muito visitadas por borboletas. Pouco depois, são substituídas por cachos de frutinhos amarelo-alaranjados, que garantem a festa dos passarinhos – mas são muito tóxicos para os humanos. O pingo-de-ouro é típico de clima tropical, tolerante ao frio subtropical, exceto o subtropical serrano. Plante-o em solo arenoargiloso acrescido de matéria orgânica. A reprodução é por sementes ou estaquia.

Duranta erecta 'Golden Edge'

Violeteira-de-borda-dourada, duranta-de-borda-dourada

Família das verbenáceas (*Verbenaceae*)

De todas as espécies de *Duranta erecta*, a 'Golden Edge' é considerada a mais ornamental por conta de sua folhagem verde-escura com manchas irregulares amarelo-ouro nas bordas. Ela pode chegar até os 4,5 m de altura e tem florada mais comedida que a das outras plantas do grupo. O colorido das pétalas – e também o dos frutos – é igual ao da *Duranta erecta* 'Aurea'. No paisagismo, pode compor cercas vivas vistosas quando deixada crescer livremente, mas também tolera bem topiaria, podendo formar cercas vivas formais.

Elaeagnus pungens 'Maculata'
Oleagno

Família das eleagnáceas (*Elaeagnaceae*)

Syn.: *Elaeagnus simonii; Elaeagnus sinensis*

Por conta de sua boa tolerância a podas – que devem sempre ser feitas no início do outono –, o oleagno é uma das espécies mais usadas nos jardins clássicos, onde costuma aparecer topiado em forma de bola. Seu porte de até 3,5 m de altura, no entanto, faz dele também uma ótima opção para a formação de cercas vivas retilíneas. As folhas rígidas, alongadas e espessas do arbusto exibem um belo colorido verde-escuro com manchas amarelas e bordas onduladas. As flores, por sua vez, são diminutas, rosadas, muito perfumadas e despontam no verão. Originário da China e do Japão, o oleagno vai bem em regiões de clima subtropical de altitude e deve ser mantido sob sol pleno, em solo rico em matéria orgânica. A reprodução é por sementes ou estaquia.

Elaeagnus pungens 'Variegata'
Oleagno

Família das eleagnáceas (*Elaeagnaceae*)

Parente do *Elaeagnus pungens* 'Maculata', essa outra variedade de oleagno se diferencia apenas pelo porte mais avantajado – pode chegar aos 5 m de altura – e pelo colorido das folhas, que são verde-escuro brilhantes com bordas amareladas. As formas de cultivo e reprodução são as mesmas.

Ficus benjamina
Figueira-benjamina

Família das moráceas (*Moraceae*)

Syn.: *Ficus comosa*; *F. cuspidatocaudata*; *F. dictyophylla*; *F. haematocarpa*; *F. lucida*; *F. neglecta*; *F. nepalensis*; *F. nitida*; *F. notobor*; *F. nuda*; *F. papyrifera*; *F. parvifolia*; *F. pendula*; *F. pyrifolia*; *F. reclinata*; *F. striata*; *F. umbrina*; *F. xavieri*; *Urostigma benjaminum*; *U. benjaminum* var. *nudum*; *U. haematocarpum*; *U. nudum*

Se a ideia é ter uma cerca viva capaz de barrar ventos, analise com carinho a possibilidade de usar a figueira-benjamina. Rústica e vigorosa, quando plantada com espaçamento de 30 cm entre as mudas, a árvore é capaz de formar barreiras intransponíveis. Na primavera, ainda enfeita o jardim com seus pequenos frutos globosos e avermelhados. Nativa da Índia até as Filipinas e Austrália, a espécie é típica de clima tropical, mas também pode ser cultivada sem problemas em regiões de clima subtropical. Atinge até 15 m de altura e reproduz-se por estaquia – a reprodução por sementes só é possível em sua região de origem.

Galphimia brasiliensis
Resedá-amarelo, triális

Família das malpighiáceas (*Malpighiaceae*)

Syn.: *Thryallis brasiliensis*

Cultivar o resedá-amarelo formando renques e cercas vivas ao longo de muros é a garantia de ter o jardim visitado pelas borboletas. Esses insetos simplesmente não resistem às pequenas flores amarelas e estreladas do arbusto, que se formam em grande quantidade nas pontas dos ramos principalmente no verão. Vistoso como ele só, pode atingir até 2 m de altura. Porém é recomendável – sempre no final do inverno – podar seus ramos retirando um terço do comprimento para estimular novas brotações e manter o visual. O resedá-amarelo é endêmico dos estados da Bahia, Paraíba, Pernambuco, Piauí e Sergipe, e típico de clima tropical, tolerante ao frio tropical de baixa altitude onde não ocorrem geadas. Deve ser sempre cultivado sob sol pleno, em solo arenoargiloso acrescido de matéria orgânica. A reprodução é por sementes ou estaquia.

Gardenia jasminoides
Gardênia, jasmim-do-Cabo

Família das rubiáceas (*Rubiaceae*)

Syn.: *Gardenia angustifolia*; *G. augusta*; *G. florida*; *G. grandiflora*; *G. longisepala*; *G. maruba*; *G. pictorum*; *G. radicans*; *G. schlechteri*; *Genipa florida*; *G. grandiflora*; *G. radicans*; *Jasminum capense*; *Warneria augusta*

A gardênia é daquelas plantas capazes de, ao mesmo tempo, deixar o jardim bonito e perfumado. O espetáculo tem data certa para acontecer: durante a primavera e o verão, épocas em que despontam as grandes flores brancas da espécie. Conforme a variedade, elas podem ser simples ou dobradas, e, com o passar dos dias, vão ficando amareladas e com o perfume ainda mais intenso. As folhas, por sua vez, são verde-escuras brilhantes e muito vistosas. O arbusto pode ser cultivado isoladamente, em grupos, na forma de renques ao longo de muros e cercas ou como cerca viva, sob sol pleno ou à meia-sombra. Mede até 2 m de altura, é nativo do sul da China, sul do Japão e ilhas próximas, e, no Brasil, só vai bem em regiões de clima subtropical, tropical de altitude ou serrano. O solo deve ser ácido, rico em matéria orgânica, bem drenado e mantido úmido. A reprodução é por estaquia.

Hibiscus rosa-sinensis

Hibisco, mimo-de-Vênus

Família das malváceas (*Malvaceae*)

Syn.: *Hibiscus boryanus*; *H. festalis*; *H. storckii*

O fato de suas flores despontarem ininterruptamente durante o ano todo faz do hibisco uma das plantas mais interessantes para quem quer ter uma cerca viva sempre florida. Grandes – são cerca de 10 cm de diâmetro – e vistosas, elas duram apenas um dia cada, mas pipocam aos montes, sem parar, e colorem o jardim com suas cinco pétalas róseo-avermelhadas e encrespadas. As folhas, por sua vez, têm forma de lança, bordas denteadas e verde-escuras. A espécie de até 5 m de altura pode ser podada ou não e vai bem tanto em clima tropical quanto subtropical – ela é nativa da Ásia tropical. O solo pode ser arenoargiloso acrescido de matéria orgânica, e a reprodução é por estaquia ou alporquia.

Hibiscus rosa-sinensis 'Cooperi'

Hibisco-variegado, hibisco-tropical

Família das malváceas (*Malvaceae*)

Assim como o hibisco comum, essa espécie floresce o ano todo e é ótima para compor cercas vivas. Se diferencia apenas pelo visual das folhas, que são menores e manchadas de branco-amarelado; e pelas flores mais compactas e com pétalas espaçadas. As regras para o cultivo são as mesmas do *Hibiscus rosa-sinensis*.

Hibiscus rosa-sinensis hybrid

Hibisco-gigante

Família das malváceas (*Malvaceae*)

Esses hibiscos híbridos florescem sem parar o ano todo e rendem renques belíssimos – principalmente quando são misturados cultivares da espécie com flores de cores e texturas diferentes, alguns com pétalas dobradas ou multicoloridas. De quebra, produzem flores ainda maiores que as de seus irmãos *Hibiscus rosa-sinensis*: elas medem até 24 cm de diâmetro, o que rendeu ao grupo de plantas o apelido de hibiscos-gigantes. O porte dos arbustos varia entre 1,5 m e 3 m de altura, e, em geral, eles são menos ramificados. Plante-os sob sol pleno em regiões de clima tropical, subtropical de baixa altitude ou litorâneo, em solo arenoargiloso acrescido de matéria orgânica. A espécie se reproduz por enxertia.

Hydrangea macrophylla

Hortênsia, rosa-do-Japão

Família das hidrangeáceas (*Saxifragaceae / Hydrangeaceae*)

Syn.: *Hortensia opuloides; Hydrangea hortensia; H. hortensis; H. japonica* f. *hortensia; H. macrophylla* f. *hortensia; H. macrophylla* var. *macrophylla; H. maritima; H. opuloides; Viburnum macrophyllum*

Independentemente da variedade de hortênsia cultivada – e são muitas as opções à venda no mercado –, uma coisa é certa: se o solo for ácido, com pH em torno de 5,5, as flores exibirão um tom púrpura-escuro ou azulado; se for alcalino, com pH acima de 7,5, as flores ficarão rosadas. Ideal para formar renques, a espécie de até 2 m de altura se enche de buquês floridos a partir do fim da primavera e durante todo o verão, cada um com até 20 cm de diâmetro. Originário da China e do Japão, ele pode ser cultivado no Brasil em regiões de clima subtropical ou tropical de altitude, em solo rico em matéria orgânica, bem drenado e mantido úmido. A reprodução é por estaquia e, no inverno, é importante fazer podas drásticas dos ramos mais antigos para que a planta recupere o vigor.

Leea guineensis

Leia, leia-verde

Família das vitáceas (*Vitaceae*)

Syn.: *Leea acuminata*; *L. arborea*; *L. aurantiaca*; *L. bipinnata*; *L. bulusanensis*; *L. coccinea*; *L. cumingii*; *L. cuspidifera*; *L. dentata*; *L. euphlebia*; *L. guineensis* f. *comoriensis*; *L. guineensis* var. *cuspidifera*; *L. guineensis* f. *longifoliolata*; *L. guineensis* f. *monticola*; *L. guineensis* f. *orientalis*; *L. guineensis* f. *spiculata*; *L. guineensis* f. *truncata*; *L. laeta*; *L. luzonensis*; *L. maculata*; *L. manillensis*; *L. negrosense*; *L. palawanensis*; *L. papillosa*; *L. parva*; *L. parvifolia*; *L. punctata*; *L. sambucina* var. *arborea*; *L. sanguinea*; *L. schomburgkii*; *L. speciosus*; *L. wightii*

O denso sistema foliar e a ramagem que se desenvolve na horizontal fazem da leia uma planta propícia para formação de cercas vivas e renques. Junte a isso o fato de ela ter folhas ornamentais – elas são alongadas com bordas onduladas – e na primavera se encher de inflorescências brancas – que antes de se abrirem mais parecem frutinhos marrom-alaranjados – e motivos não vão faltar para tê-la no jardim. O arbusto vai bem tanto sob sol pleno quanto à meia-sombra e pode chegar a 2,5 m de altura. É nativo do leste da Índia, Mianmar e Tailândia, e gosta tanto de clima tropical quanto de subtropical de baixa altitude, onde não ocorrem geadas. O solo deve ser rico em matéria orgânica e mantido úmido, e a reprodução é por sementes, estaquia ou divisão de touceiras.

Leea guineensis 'Rubra'

Leia-rubra, leia-vermelha

Família das vitáceas (*Vitaceae*)

Com folhas um pouco menores que as da *Leea guineensis*, essa espécie se diferencia principalmente pelo colorido exótico que mistura roxo-acobreado com vermelho. A ramagem acompanha o tom da folhagem, e as flores são mais róseas. No mais, apresenta os mesmos usos e necessidades de cultivo da leia comum.

Leptospermum scoparium

Árvore-de-chá, érica

Família das mirtáceas (*Myrtaceae*)

Syn.: *Leptospermum bullatum*; *L. floribundum*; *L. humifusum*; *L. linifolium*; *L. multiflorum*; *L. nichollsii*; *L. obliquum*; *L. oxycedrus*; *L. pungens*; *Melaleuca scoparia*; *M. tenuifolia*

O visual das flores da érica lembra muito o das minirrosas, principalmente quando a variedade escolhida tem as pétalas dobradas. Elas podem ser rosadas, esbranquiçadas, róseo-avermelhadas e não têm época certa para despontar: brotam várias vezes ao ano e em grande quantidade ao longo dos ramos do arbusto, que forma cercas vivas e renques belíssimos. A folhagem também não fica atrás no quesito ornamentação: elas são finas, em forma de agulhas, aromáticas, e caem nos meses mais frios. A érica pode medir até 4 m de altura e é típica de clima subtropical frio, tolerante ao calor tropical serrano. Nativa da Austrália e da Nova Zelândia, deve ser cultivada em solo rico em matéria orgânica e mantido úmido. A reprodução é por sementes ou estaquia.

Leucophyllum frutescens

Folha-de-prata

Família das escrofulariáceas (*Scrophulariaceae*)

Syn.: *Leucophyllum frutescens* f. *albiflorum*; *L. frutescens* f. *albineum*; *L. texanum*; *Terania frutescens*

De tão ornamental que é sua folhagem acinzentada e com textura aveludada, a folha-de-prata nem precisaria de flores para se destacar no jardim. Só que, quando elas despontam, no verão, pincelando de cor-de-rosa a ramagem prateada do arbusto, fica simplesmente impossível ele passar despercebido. Muito tolerante a podas, a espécie pode formar cercas vivas e renques retilíneos ou de aspecto menos formal, sempre sob sol pleno. Originário do Texas, nos Estados Unidos, e do norte do México, o arbusto mede até 2,5 m de altura e gosta de climas mais amenos. Por isso, no Brasil, seu cultivo fica restrito às regiões de clima subtropical e tropical de altitude. Plante-o em solo arenoso acrescido de matéria orgânica. A reprodução é por estaquia.

Ligustrum japonicum 'Texanum'
Ligustro-folha-de-cera

Família das oleáceas (*Oleaceae*)

Foi o aspecto ceroso das folhas que inspirou o nome popular desse ligustro. Elas são espessas, têm formato longo-lanceolado e exibem um colorido verde-limão quando brotam. Com o passar do tempo, no entanto, vão ficando verde-oliva-escuro. Muito usada para topiaria, a espécie tem folhagem perene e, portanto, é recomendável que, na hora das podas, apenas os ramos – nunca as folhas – sejam cortados. As flores nascem aglomeradas em uma inflorescência em forma de cacho durante a primavera e são pequenas, esbranquiçadas e em formato de sino. Exalam um leve perfume e geram pequeninos frutos esféricos, quase negros, apreciados pela avifauna. Muito versátil e rústico, o ligustro-folha-de-cera pode ser usado tanto para compor cercas vivas e renques quanto ser cultivado em vasos ou como planta de destaque em canteiros. Embora prefira sol pleno, ele também se adapta ao cultivo em locais mais sombreados, principalmente em regiões de clima mais quente, e resiste bem aos ventos, à seca e até à maresia. Desenvolvido a partir da espécie-tipo nativa da China e do Leste da Ásia, o arbusto de até 2,70 m de altura e 1,80 de diâmetro é característico de clima subtropical, tolerante ao calor tropical de altitude. Não é exigente quanto ao solo, que pode ser arenoargiloso acrescido de matéria orgânica e regado apenas quando estiver seco. A propagação se dá por sementes e por estaquia.

Ligustrum sinense

Ligustro-arbustivo, alfeneiro-da-China

Família das oleáceas (*Oleaceae*)

Syn.: *Ligustrum calleryanum*; *L. chinense*; *L. deciduum*; *L. fortunei*; *L. indicum*; *L. matsudae*; *L. microcarpum*; *L. microcarpum* var. *shakaroense*; *L. nokoense*; *L. nokoensis*; *L. shakaroense*; *L. sinense* var. *nitidum*; *L. sinense* var. *sinense*; *L. sinense* var. *stauntonii*; *L. sinense* var. *villosum*; *L. stauntonii*; *L. villosum*; *Olea consanguinea*; *O. Microcarpa*; *O. Rigida*; *O. Walpersiana*; *Phillyrea indica*

Por conta de sua excelente tolerância a podas, o ligustro-arbustivo é muito usado em trabalhos de topiaria, inclusive na formação de cercas vivas formais. Também cria um efeito interessante quando seus ramos são deixados crescer livremente e se enchem de flores brancas e perfumadas na primavera. Com até 4 m de altura, ele é originário da China e, por aqui, só pode ser cultivado em regiões tropicais de altitude ou na região Sul, sempre sob sol pleno. O solo deve ser arenoargiloso acrescido de matéria orgânica, e a reprodução é por sementes ou estaquia.

Ligustrum sinense 'Variegatum'

Ligustro-arbustivo-variegado, alfeneiro-da-China-variegado

Família das oleáceas (*Oleaceae*)

Muito parecido com o *Ligustrum sinense*, o arbusto se diferencia apenas pela coloração da folhagem, que é verde-clara e acinzentada com bordas irregulares esbranquiçadas. Suas flores também só despontam se a planta for cultivada em climas bem frios, como o da região da China de onde a espécie é originária.

Malvaviscus arboreus var. *mexicanus*

Malvavisco, hibisco-colibri

Família das malváceas (*Malvaceae*)

Syn.: *Achania ciliata*; *A. pilosa*; *Hibiscus nutans*; *H. pilosus*; *Malvaviscus arboreus* var. *brihondus*; *M. arboreus* subsp. *cubensis*; *M. arboreus* var. *cubensis*; *M. arboreus* var. *parviflorus*; *M. arboreus* var. *sagranus*; *M. arboreus* var. *sepium*; *M. arboreus* var. *sloanei*; *M. brevibracteatus*; *M. brevipes*; *M. ciliatus*; *M. conzattii*; *M. grandiflorus*; *M. jordan-mottii*; *M. oligotrichus*; *M. pentacarpus*; *M. pilosus*; *M. pulvinatus*; *M. rivularis*; *M. sagranus*; *M. sepium*; *Pavonia spiralis*

Amplamente cultivado nos países tropicais, o hibisco-colibri é daquelas plantas que florescem o ano todo, sem pausas. Assim, usá-lo para compor uma cerca viva ou renque é a garantia de ter o jardim sempre pintado de vermelho – esse é o tom que tinge suas flores tubulares e pendentes – e muito visitado por beija-flores. As barreiras vegetais formadas com a espécie podem ser mantidas podadas ou não, mas o sol pleno é requisito fundamental. O arbusto mede até 4,5 m de altura, é originário do sul do México e característico de clima tropical, tolerante ao frio subtropical de baixa altitude ou litorâneo. O solo pode ser arenoargiloso acrescido de matéria orgânica, e a reprodução é por sementes ou estaquia.

Malvaviscus arboreus var. mexicanus 'Variegata'

Malvavisco-variegado, hibisco-colibri-variegado

Família das malváceas (*Malvaceae*)

Bem mais raro que o *Malvaviscus arboreus* var. *mexicanus*, esse arbusto tem folhas amarelas salpicadas de verde, que conferem à planta um efeito ainda mais ornamental. As demais características e necessidades de cultivo são idênticas às de sua irmã.

Murraya paniculata

Murta

Família das rutáceas (*Rutaceae*)

Syn.: *Camunium exoticum*; *Chalcas cammuneng*; *C. exotica*; *C. intermedia*; *C. japanensis*; *C. paniculata*; *C. paniculata* var. *omphalocarpa*; *C. sumatrana*; *Connarus foetens*; *C. santaloides*; *Murraya exotica*; *M. omphalocarpa*; *M. paniculata* var. *exotica*; *M. paniculata* var. *Omphalocarpa*

Versátil e muito tolerante a podas, a murta geralmente é usada na formação de cercas vivas e renques topiados ou não. Seu denso sistema foliar é composto de pequenas folhas ovaladas verde-escuras, enquanto as flores brancas e intensamente perfumadas nascem em grupos nas pontas dos ramos no final do verão e início da primavera. No outono, é a vez de os frutinhos avermelhados tomarem conta da copa da planta. Com até 6 m de altura, o arbusto é nativo da Índia e típico de clima tropical, tolerante ao frio subtropical de baixa altitude. O solo pode ser arenoargiloso acrescido de matéria orgânica, e a reprodução se dá por sementes ou estaquia.

Pereskia grandifolia
Cacto-rosa, quiabento

Família das cactáceas (*Cactaceae*)

Syn.: *Cactus grandifolius*; *C. rosa*; *Pereskia ochnocarpa*; *P. rosea*; *P. tampicana*; *Rhodocactus grandifolius*; *R. tampicanus*

Não se deixe enganar: apesar do porte arbustivo, a *Pereskia grandifolia* é um cacto, e os espinhos que encobrem o seu caule fazem dela uma espécie ideal para a formação de cercas vivas de proteção. Suas belas flores róseas despontam na primavera, aglomeradas nas pontas dos ramos, e são muito visitadas por abelhas e borboletas. Nativo das matas e restingas da região Nordeste do Brasil, o cacto-rosa pode chegar aos 5 m de altura e aprecia clima tropical quente. Cultive-o sob sol pleno e à meia-sombra em solo arenoargiloso. A espécie se reproduz por estaquia.

Photinia × fraseri
Fotínia-de-folha-vermelha

Família das rosáceas (*Rosaceae*)

As folhas desse arbusto nobre e ornamental mudam de cor com o passar do tempo: nascem com um tom vermelho vivo e depois ficam verde-escuras. Como ambos os tons podem ser vistos ao mesmo tempo na copa da planta, o efeito no paisagismo é belíssimo, principalmente quando a espécie é usada para formar cercas vivas e renques retilíneos. No fim do inverno e durante a primavera, ela ganha um atrativo adicional: pequenas flores brancas. A fotínia-de-folha-vermelha gosta de sol pleno e pode chegar aos 5 m de altura. Fruto do cruzamento entre as espécies *Photinia serrulata*, da China, e *Photinia glabra*, do Japão, ela é adepta de temperaturas mais amenas e, no Brasil, só pode ser plantada em áreas de clima subtropical, em solo rico em matéria orgânica. A reprodução é por estaquia.

Pittosporum tobira 'Variegatum'

Pitósporo, pau-de-incenso

Família das pitosporáceas (*Pittosporaceae*)

Se você quer um jardim perfumado, invista no pitósporo para formar renques e cercas vivas. Como se não bastasse o fato de suas folhas verde-acinzentadas com bordas amarelo-esbranquiçadas serem aromáticas, na primavera, a espécie ainda se enche de flores esbranquiçadas, pouco atrativas, mas que exalam um intenso perfume semelhante ao das flores dos cítricos. O arbusto de até 2,5 m de altura cresce lentamente e, por ser nativo do sul da China e do Japão, aprecia clima subtropical. O solo deve ser rico em matéria orgânica, e a reprodução é por estaquia ou alporquia.

Pittosporum tobira 'Wheeler's Dwarf'
Pitósporo-anão

Família das pitosporáceas (*Pittosporaceae*)

Muito similar ao *Pittosporum tobira* 'Variegatum', o pitósporo-anão foi desenvolvido geneticamente para ter porte menor – não passa de 1 m de altura – e folhagem mais compacta. Por isso, a espécie de folhas verde-claras é muito usada na formação de renques e bordaduras sob sol pleno. Na primavera, surgem pequenas flores brancas e perfumadas. Típico de clima subtropical, gosta de solo rico em matéria orgânica, mantido úmido, e reproduz-se por estaquia.

Plumbago auriculata

Bela-Emília, plumbago

Família das plumbagináceas (*Plumbaginaceae*)

Syn.: *Plumbagidium auriculatum*; *Plumbago auriculata* f. *auriculata*; *P. capensis*

A bela-Emília é outra espécie que rende cercas vivas repletas de flores praticamente o ano todo, com mais intensidade no verão. Como elas surgem em grande quantidade, são mais que suficientes para encher a paisagem de cor e ainda atraem muitas borboletas. Nativa da África do Sul, a planta tem ramos de até 2 m de comprimento que devem ser podados em dois terços a cada dois anos, para recuperar o vigor. Ela prefere ser cultivada sob sol pleno, em regiões de clima subtropical, mas também tolera o clima tropical de altitude. O solo deve ser rico em matéria orgânica e úmido, e a reprodução se dá por sementes, divisão de touceira ou estaquia.

Rhododendron hybrid (Southern Indica Hybrid Group)

Azaleia

Família das ericáceas (*Ericaceae*)

Mais resistente ao calor que as demais azaleias, esse grupo de plantas híbridas desenvolvidas nos Estados Unidos se dá muito bem em regiões de clima tropical, onde pode formar renques, cercas vivas podadas ou ser cultivadas isoladas. Suas flores despontam durante o outono e o inverno e podem exibir uma boa variedade de formas e cores – há até versões multicoloridas, mescladas ou salpicadas, com pétalas simples ou dobradas. Ideal para jardins à meia-sombra, a azaleia mede de 1 m a 2 m de altura e aprecia solo ácido, com pH de 6,0 ou inferior, arenoargiloso acrescido de matéria orgânica, bem drenado e úmido. Após a florada, é recomendável uma poda superficial para manter o bom aspecto e estimular novas ramificações. A reprodução é por estaquia.

Spiraea cantoniensis f. *lanceata*
Buquê-de-noiva

Família das rosáceas (*Rosaceae*)

Syn.: *Spiraea cantoniensis* var. *florepleno*; *S. cantoniensis* var. *lanceata*; *S. cantoniensis* f. *lanceolata*; *S. reevesiana* var. *florepleno*

    O buquê-de-noiva atinge o auge de seu esplendor na primavera, quando suas flores, que de tão pequenas e cheias de pétalas mais parecem rosas em miniatura, despontam em grande quantidade tomando contas dos ramos. Elas surgem junto com a nova folhagem, que rebrota após a queda no outono. Isso não quer dizer, no entanto, que a planta fique feia durante o inverno: seus ramos avermelhados e desnudos também dão um aspecto curioso aos renques sob sol pleno. Nativo da China e possivelmente do Japão, o arbusto de até 1,8 m de altura tem seu cultivo no Brasil restrito às regiões de clima subtropical de altitude ou serrano. O solo deve ser rico em matéria orgânica e mantido úmido, e a reprodução é por estaquia.

Stifftia chrysantha

Esponja-de-ouro, rabo-de-cotia

Família das asteráceas (*Compositae / Asteraceae*)

Syn.: *Aristomenia fruticosa*; *Augusta grandiflora*;
Stifftia chrysantha var. *chrysantha*; *S. chrysantha* var. *flavicans*

É no inverno, quando a maior parte das plantas do jardim está desprovida de flores, que a esponja-de-ouro se enche de inflorescências cor de laranja, formadas por flores tubulares bem finas. O espetáculo se estende até meados da primavera e torna impossível as cercas vivas e os renques formados com a espécie passarem despercebidos na paisagem. Com até 5 m de altura, o arbusto nativo da Mata Atlântica do Brasil é típico de clima tropical – mas também tolera o subtropical de baixa altitude ou litorâneo – e pode ser plantado tanto sob sol pleno quanto à meia-sombra. O solo deve ser rico em matéria orgânica e mantido úmido, e a reprodução é por sementes.

Thunbergia erecta
Tumbérgia-arbustiva

Família das acantáceas (*Acanthaceae*)

Syn.: *Meyenia erecta*

O uso mais comum para esse arbusto de flores azuladas e em forma de funil é na formação de renques e cercas vivas, que podem ser, inclusive, podados de forma retilínea. Como ele floresce durante o ano todo – com maior intensidade na primavera e no verão – e é muito visitado por beija-flores, a paisagem nunca perde a cor. As folhas, por sua vez, são lanceoladas, verde-escuras e brilhantes. A tumbégia-arbustiva vai bem tanto sob sol pleno quanto à meia-sombra e forma touceiras que podem chegar aos 2,5 m de altura. Originária da África tropical, ela é tolerante ao frio subtropical de baixa altitude ou litorâneo e gosta de solo rico em matéria orgânica, bem drenado e mantido úmido. A reprodução é por estaquia.

Viburnum suspensum
Viburno

Família das adoxáceas (*Caprifoliaceae / Adoxaceae*)

Dentre as mais de 200 espécies de viburnos, esse é o que melhor se adapta a climas mais quentes, como o do Brasil. Com um sistema foliar robusto e bastante denso, ele é muito usado em trabalhos de topiaria, inclusive na formação de renques – mas também pode ser plantado bordando canteiros ou como planta isolada, em vasos. Suas folhas ovaladas e com as bordas serrilhadas são espessas, verde-escuras e ásperas. No outono, adquirem um tom alaranjado e ganham a companhia de pequenas flores brancas que, embora pouco vistosas, perfumam o jardim até o final do inverno. Elas nascem agrupadas nas pontas dos ramos e geram frutinhos vermelhos de aspecto delicado. O arbusto vai bem sob sol pleno ou à meia-sombra e mede até 3 m de altura. É nativo do sul do Japão, mais precisamente de Okinawa, no arquipélago de Ryukyu, e típico de clima subtropical, tolerante ao calor tropical de altitude. O solo deve ser rico em matéria orgânica, bem drenado e mantido úmido. A reprodução é por sementes ou estaquia.

Viburnum tinus
Laurotino

Família das adoxáceas (*Caprifoliaceae / Adoxaceae*)

As folhas lanceoladas, verde-escuras e brilhantes lembram muito as do louro. Mas o laurotino só atinge o auge mesmo quando se enche de flores. Os primeiros botões róseos, que mais parecem frutinhos, começam a despontar ainda no inverno. Permanecem assim por um bom tempo, até eclodirem na primavera, revelando belas flores esbranquiçadas e suavemente perfumadas. No entanto, quando chegam à maturação, elas passam a exalar um aroma desagradável por até cinco dias, na tentativa de atrair as moscas polinizadoras. No verão, surgem os frutinhos azulados, que ficam pretos com o passar dos dias. Muito tolerante a podas, o arbusto pode formar renques ao longo de cercas e muros ou ser cultivado como planta isolada em vasos e canteiros. Adapta-se ao cultivo sob sol pleno ou à meia-sombra, em regiões de clima subtropical. Nativo do sul da Europa e região mediterrânea, mede até 3 m de altura e aprecia solo rico em matéria orgânica. A reprodução pode ser por sementes ou estaquia.

Índice

Nomes científicos - Canteiros

ANUAIS
Begonia × semperflorens-cultorum 6
Calendula officinalis 7
Cosmos sulphureus 8
Lobularia maritima 9
Salvia farinacea 'Victoria Blue' 10
Salvia splendens (Dwarf Group) .. 11
Tagetes patula (French Group) 12
Viola × wittrockiana 13

FORRAÇÕES
Acalypha chamaedrifolia 14
Arachis repens 15
Evolvulus glomeratus 16
Evolvulus pusillus 17
Glandularia tenera 18
Hemigraphis alternata 19
Lysimachia congestiflora 20
Persicaria capitata 21

HERBÁCEAS PARA BORDADURAS
Argyranthemum frutescens 22
Asystasia gangetica 23
Catharanthus roseus 24
Cuphea gracilis 25
Cuphea ignea 26
Felicia amelloides 'Variegata' 27
Festuca glauca 28
Heliotropium arborescens 29
Hemigraphis alternata 'Exotica' .. 30
Hypoestes phyllostachya 31
Iresine herbstii 'Acuminata' 32
Leucanthemum vulgare 33
Ophiopogon jaburan 'Vittatus' 34
Osteospermum ecklonis 'Passion Mix' 35
Salvia leucantha 36
Senecio viravira 37

HERBÁCEAS PARA CANTEIROS
Agapanthus africanus 38
Alpinia purpurata 39
Angelonia angustifolia 40
Barleria cristata 41
Begonia 'Dragon Wing' 42
Cenchrus setaceus 43
Cenchrus × cupreus 'Rubrum' 44
Dahlia hybrid 45
Dietes bicolor 46
Dietes grandiflora 47
Gladiolus hybrids (Grandiflorus Group) 48
Heliconia angusta 'Orange Christmas' 49
Heliconia rostrata 50
Hemerocallis lilioasphodelus 51
Hemerocallis × hybrida 52
Neomarica caerulea 53
Salvia splendens 54
Strelitzia reginae 55

ARBUSTOS PARA CANTEIROS
Acer palmatum 'Atropurpureum' 56
Buddleja davidii 57
Camellia japonica 58
Codiaeum variegatum 59
Cordyline fruticosa 60
Grevillea banksii 61
Ixora coccinea 62
Ixora coccinea 'Compacta' 63
Justicia brandegeeana 64
Lantana camara 65
Lavandula dentata 66
Loropetalum chinense var. rubrum 'Ruby' 67
Lycianthes rantonnei 68
Mussaenda 'Doña Alicia' 69
Pachystachys lutea 70
Pentas lanceolata 71
Philadelphus coronarius 72
Philodendron bipinnatifidum 73
Rosa hybrid 74
Santolina chamaecyparissus 75

Nomes científicos - Cercas Vivas

Abelia × grandiflora 78
Abelia × grandiflora 'Compacta' .. 79
Acalypha wilkesiana 'Macrophylla' 80
Acalypha wilkesiana 'Marginata' 81
Allamanda polyantha 82
Aphelandra sinclairiana 83
Bambusa multiplex 84
Berberis thunbergii var. atropurpurea 85
Buxus sempervirens 86
Caesalpinia pulcherrima 87
Calliandra brevipes 88
Carissa macrocarpa 89
Clusia fluminensis 90
Clusia fluminensis 'Variegata' 91
Combretum constrictum 92
Cupressus lusitanica 93
Dracaena fragrans 94
Dracaena fragrans 'Massangeana' 95
Duranta erecta 'Aurea' 96
Duranta erecta 'Golden Edge' 97
Elaeagnus pungens 'Maculata' ... 98
Elaeagnus pungens 'Variegata' .. 99
Ficus benjamina 100
Galphimia brasiliensis 101
Gardenia jasminoides 102
Hibiscus rosa-sinensis 103
Hibiscus rosa-sinensis 'Cooperi' 104
Hibiscus rosa-sinensis hybrid 105
Hydrangea macrophylla 106
Leea guineensis 107
Leea guineensis 'Rubra' 108
Leptospermum scoparium 109
Leucophyllum frutescens 110
Ligustrum japonicum 'Texanum' 111
Ligustrum sinense 112
Ligustrum sinense 'Variegatum' 113
Malvaviscus arboreus var. mexicanus 114
Malvaviscus arboreus var. mexicanus 'Variegata' 115
Murraya paniculata 116
Pereskia grandifolia 117
Photinia × fraseri 118
Pittosporum tobira 'Variegatum' 119
Pittosporum tobira 'Wheeler's Dwarf' 120
Plumbago auriculata 121
Rhododendron hybrid (Southern Indica Hybrid Group) 122
Spiraea cantoniensis f. lanceata 123
Stifftia chrysantha 124
Thunbergia erecta 125
Viburnum suspensum 126
Viburnum tinus 127

Nomes populares - Canteiros

ANUAIS
Begônia-sempre-florida, begônia-cerosa 6
Calêndula, malmequer 7
Cosmo-amarelo, áster-do-México 8
Álisso, doce-álisso 9
Sálvia-azul, sálvia-farinhenta 10
Sálvia, sangue-de-Adão 11
Malmequer-francês, cravo-de-defunto 12
Amor-perfeito, amor-perfeito-de-jardim 13

FORRAÇÕES
Rabo-de-gato, acalifa-rasteira ... 14
Grama-amendoim 15
Azulzinha, evólvulus 16
Gota-de-orvalho 17
Verbena, camaradinha 18
Hera-roxa, planta-metálica 19
Lisimáquia 20
Tapete-inglês 21

HERBÁCEAS PARA BORDADURAS
Margarida-de-Paris, margarida-dos-floristas 22
Coromandel 23
Boa-noite, vinca-rosa 24
Falsa-érica, érica 25
Flor-de-Santo-Antônio, cigarrilha 26
Margarida-azul 27
Grama-azul 28
Planta-chocolate, heliotrópio 29
Hera-roxa-crespa 30
Confete, face-sardenta 31
Iresine 32
Margarida 33
Barba-de-serpente-variegada, ofiópogo-variegado 34
Margarida-do-cabo 35
Sálvia-bicolor, sálvia-do-México . 36
Senécio-vira-vira 37

HERBÁCEAS PARA CANTEIROS
Agapanto 38
Alpínia, gengibre-vermelho 39
Angelônia, boca-de-leão-de-verão 40
Barléria, violeta-filipina 41
Begônia-asa-de-dragão 42
Capim-do-Texas, capim-chorão .. 43
Capim-do-Texas-rubro 44
Dália 45
Moreia-bicolor, moreia 46
Dietes, lírio-quinzenal 47
Palma-de-Santa-Rita, gladíolo .. 48
Falsa-ave-do-paraíso, bananeirinha 49
Bananeira-do-brejo, bananeira-ornamental 50
Lírio-amarelo, lírio-de-São-José .. 51
Hemerocale, lírio 52
Falsa-íris 53
Sálvia, sangue-de-Adão 54
Ave-do-paraíso, estrelítzia 55

ARBUSTOS PARA CANTEIROS
Ácer-japonês 56
Budleia, lilás-da-China 57
Camélia 58
Cróton, louro-variegado 59
Coqueiro-de-Vênus, cordiline 60
Grevílea-anã, grevílea-escarlate .. 61
Ixora, ixora-coral 62
Mini-ixora, ixora-compacta 63
Camarão-vermelho, camarão 64
Lantana, cambará-de-jardim 65
Alfazema, lavanda-francesa 66
Hamamélis-rubra 67
Árvore-batata-azul 68
Mussaenda-rosa 69
Camarão-amarelo, planta-camarão 70
Estrela-do-Egito, pentas 71
Filadelfo 72
Imbé, banana-de-macaco 73
Roseira-grandiflora, roseira-arbustiva, rosa 74
Santolina, lavanda-algodão 75

Nomes populares - Cercas Vivas

Abélia, abélia-da-China 78
Abélia-compacta, abélia-brilhante 79
Acálifa 80
Acálifa 81
Alamanda-ereta, alamanda-de-cerca 82
Afelandra-coral 83
Bambu-multiplex, bambu-folha-de-samambaia ... 84
Bérbere-japonês 85
Buxinho, buxo 86
Flamboiãzinho, barba-de-barata 87
Esponjinha, quebra-foice 88
Ameixeira, ameixa-de-Natal 89
Clúsia 90
Clúsia-variegada 91
Escova-de-macaco-arbustiva 92
Cedrinho, cipreste 93
Coqueiro-de-Vênus, pau-d'água 94
Coqueiro-de-Vênus, pau-d'água 95
Pingo-de-ouro, violeteira-dourada 96
Violeteira-de-borda-dourada, duranta-de-borda-dourada 97
Oleagno 98
Oleagno 99
Figueira-benjamina 100
Resedá-amarelo, triális 101
Gardênia, jasmim-do-Cabo 102
Hibisco, mimo-de-Vênus 103
Hibisco-variegado, hibisco-tropical 104
Hibisco-gigante 105
Hortênsia, rosa-do-Japão 106
Leia, leia-verde 107
Leia-rubra, leia-vermelha 108
Árvore-de-chá, érica 109
Folha-de-prata 110
Ligustro-folha-de-cera 111
Ligustro-arbustivo, alfeneiro-da-China 112
Ligustro-arbustivo-variegado, alfeneiro-da-China-variegado .. 113
Malvavisco, hibisco-colibri 114
Malvavisco-variegado, hibisco-colibri-variegado 115
Murta 116
Cacto-rosa, quiabento 117
Fotínia-de-folha-vermelha 118
Pitósporo, pau-de-incenso 119
Pitósporo-compacta 120
Bela-Emília, plumbago 121
Azaleia 122
Buquê-de-noiva 123
Esponja-de-ouro, rabo-de-cotia 124
Tumbérgia-arbustiva 125
Viburno 126
Laurotino 127